마음이
편안해지는
작은 책

마음이
편안해지는
작은 책

"오늘 밤, 맘에 걸리는 것 없이
평온하게 잠을 청한다"

고바야시 마스미 지음
김도연 옮김

더퀘스트

HOTTORE

by Masumi KOBAYASHI

ⓒ Masumi KOBAYASHI 2021, Printed in Japan

Korean translation copyright ⓒ 2024 by Gilbut Publishers

First published in Japan by WAVE Publishers Co., Ltd.

Korean translation rights arranged with WAVE Publishers Co., Ltd.

through Imprima Korea Agency.

추천의 글

전홍진

성균관의대 삼성서울병원 정신건강의학과 교수, 부학장
《매우 예민한 사람들을 위한 책》《매우 예민한 사람들을 위한 상담소》 저자

마음이 불안한 사람을 진료실에서 만나게 되면 크게 두 가지 종류의 불안을 가진 사람이 있다는 것을 알게 됩니다. 첫째는 구체적인 불안의 대상이 있는 경우입니다. 시험을 앞두고, 사업이 잘 안되어서, 가족 간의 불화로 불안을 느끼는 것입니다. 둘째는 구체적인 대상 없이 내 머릿속에 떠다니는 불안을 가진 경우입니다. 과거에 자신이 한 일과 미래에 내가 할 일에 대한 두려움이 꼬리에 꼬리를 물고 생각이 납니다.

《마음이 편안해지는 작은 책》은 구체적인 불안의 대상이 있는 경우 어떻게 대처해야 할지 알려줍니다. 과거의 경험

으로 만들어진 '나의 무의식'은 대상으로 인한 두려움을 증폭시킵니다. 아직 일어나지도 않은 일에서 최악의 경우를 미리 생각하게 됩니다. 하지만 이것을 글로 써보면 자신이 지나치게 과장해 생각하고 있다는 사실을 알게 됩니다.

떠다니는 불안이 있는 사람들에게도 유용한 방법을 제공해줍니다. 노트에 자신이 느끼는 부정적인 감정을 솔직하게 써내려가고, 그것을 보면서 '그랬구나' 하며, 있는 그대로 수용하는 태도를 배우게 됩니다. 밤새 잠을 이루지 못하고 고민했던 내용도 이 책에서 제시하는 방법을 따라 하다 보면 마침내 스스로 마음을 편안하게 만드는 새로운 경험을 하게 됩니다.

이 책은 마음이 불안한 사람에게 평온한 하루하루 만드는 방법을 안내해줍니다. 미래는 아무도 알 수 없습니다. 하지만 두려움보다는 새로운 일들이 자신을 기쁘게 해주리라는 기대로 살아갈 수 있습니다. 침대에 누워 잠을 청했을 때 아무런 불안 없이 편안하게 꿈나라로 가서 꿀잠을 잘 수 있는 그런 삶을 만들 수 있도록 이 책을 추천합니다.

아무리 가슴 설레는 일을 해도 금세 울적해지거나 모처럼 기분 좋게 지내다가도 가게 직원의 불친절한 태도에 짜증이 나서 온통 그 일에 정신을 빼앗기기도 합니다. 또 책에서 알려주는 대로 실천하면 모든 것이 잘될 것 같다가도, 순식간에 무언가 어그러질 것만 같은 느낌에 사로잡히기도 합니다. 자신감이 가득하다가도 금세 자괴감에 빠지기도 하죠.

그때 보통 이런 생각을 하게 됩니다.

'왜 이렇게 하루에도 열두 번 마음이 요동칠까?'

'어떻게 하면 이 부정적인 감정들을 해소할 수 있을까?'

'어떻게 해야 감정에 휘둘리지 않고 내가 바라는 것들을

착실히 해나갈 수 있을까?'

실은 저도 그런 사람 중의 하나였습니다.

여러분, 반갑습니다. '마음 편안해지기'를 알리고 실천하는 마인드 트레이너, 고바야시 마스미입니다. 저는 더 많은 사람이 평온한 삶을 살아가길 바라는 마음으로 '자기수용'과 '자기실현'을 실천하는 마음 기록 습관을 고안하고 널리 알려왔습니다.

먼저 여러분께 한 가지 질문을 드리겠습니다.

여러분이 이루고 싶은 일들은 무엇인가요?

왜 그것들을 이루고 싶은가요?

그것은 여러분에게 어떤 의미가 있나요?

사실 저도 이런 질문을 자신에게 해보았답니다.

그랬더니 뜻밖에도 '평온한 마음으로 살고 싶어서' 꿈을 이루려 한다는 사실을 깨닫게 되었습니다.

그래서 저는 근본 목적인 '마음의 평온'을 일상에서 느낄 수 있도록 의식하며 지내보기로 했습니다.

그런데 생각보다 너무 어렵더군요.

그도 그럴 것이 불안이나 걱정, 불만과 같은 부정적인 감정이 끊임없이 올라왔기 때문입니다. 대개 그때마다 그 감정과 기분에 정신없이 휘둘립니다. 감정과 기분이 불러일으키는 생각은 꼬리에 꼬리를 물고 점점 더 어둡고 무거운 나락으로 향하지요.

불안이나 걱정, 불만, 우울 등 부정적 감정을 다스리는 것만으로도 삶이 한결 편안해지고, 이루고 싶은 일들을 향해 전진하게 합니다.

지금부터 본격적으로 마음의 평온을 얻기 위한 여행을 시작하겠습니다. 앞으로 자세히 설명하겠지만, 책에서 소개하는 다양한 방법을 몸소 실천하다 보면, 평소 모르는 사이에 부정적으로 생각하고 있던 자신을 발견하게 될 것입니다.

하지만 명심하세요. 올라오는 부정적인 감정들 속에 우리 자신을 변화시킬 열쇠가 있다는 것을 말입니다.

마음이 평안해지면 현실 또한 놀라우리만치 호전되기 시작한답니다.

실제로 '편안해지기'를 실천하는 분들에게서 다음과 같은 후기를 들을 수 있었습니다.

"전에는 사람과 만나 이야기를 나누는 게 두려웠습니다. 지금은 주변 사람들에게 먼저 다가갑니다."

"사는 게 의미 없다고 생각했습니다. 재미도 없었고요. 그런데 요즘은 매일매일이 설렙니다. 해보고 싶은 일들도 잔뜩이에요."

"오랜 소망을 이뤘습니다."

이 책은 편안해지기의 '기초편'에 해당하며 여러분이 불안을 느끼지 않고 평온한 마음으로 인생을 살아갈 수 있게 도와주는 방법들을 정리해놓았습니다.

프롤로그에서는 제가 편안해지는 방법을 숙달하기까지 거쳐온 과정을, 제1장과 제2장에서는 책 전체를 관통하는 우리의 '무의식'에 관한 이야기를, 제3장에서는 실제로 많은 사람이 실천하고 있는 편안해지는 방법을 자세히 소개합니다. 그리고 제4장에서는 앞서 해온 분들의 실제 사례를, 제5장에서는 지금까지 많이 받았던 질문들을 모아 Q&A 형식으로 이해하기 쉽게 정리했습니다.

여러분의 내면에서 일어나는 '의식의 변화'를 체감하면서 읽어주시기 바랍니다. 그중에서도 제3장에서 소개하는 것들은 모두 5분 정도만 할애하면 실천할 수 있으므로, 자신에게 맞는 방법을 위주로 실천해보기를 추천합니다.

자, 그럼 지금부터 편안해져 볼까요?

차례

제3장 '편안해지기'를 시작해보자

제4장 마음이 평온해지니, 이렇게 바뀌었다!

제5장 Q&A 이런 것도 해결이 되나요?

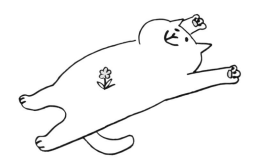

오늘 밤, 맘에 걸리는 것
하나 없이 잠을 청한다

'만약 일이 잘못되면 어떻게 하지?'

'저 사람은 잘만 하는데, 난 왜 못하는 걸까?'

'아까 나는 왜 그렇게 말했을까?'

'어차피 난 뭘 해도 안 돼.'

'사람들한테 안 좋은 소릴 들을 게 뻔해.'

'그러지 말 걸.'

누구나 걱정거리가 생기면 저도 모르게 이런 생각에 빠지기 쉽다. 이 책을 읽는 당신 역시 마찬가지일지도 모른다.

무의식중에 하는 생각은 대부분 부정적이다

부정적인 생각에 빠지는 이유가 무엇일까? 바로 우리가 무의식중에 하는 생각에 기본적으로 부정적인 것들이 많기 때문이다. 인간은 하루에 약 6만 번의 생각을 한다고 알려져 있는데, 그중 무려 8할이 부정적인 내용이라고 한다.

더군다나 '무의식'의 영역에서 이루어지다 보니 거의 자동화 수준이다. 그러니 뒤늦게 온종일 부정적인 생각에 사로잡혀 있었음을 깨닫는 일도 부지기수다.

나 또한 마찬가지였다. 종일 부정적인 사고에 사로잡혀 살았다.

한번 떠오른 부정적인 생각은 불안하고 두려운 마음을 부추겼고, 종일 감정적으로 시달리고 나면 하루를 마칠 때 즈음에는 모든 것을 놓고 싶다는 마음뿐이었다. 어떤 날은 심한 자책에 생각을 거듭하다 밤새 뒤척이기도 했다.

도대체 나는 무엇 때문에 사는 걸까?

이런 나 자신의 상태를 깨달은 것은 십수 년 전, 회사 생활을 한창 하던 때였다.

'행복이란 소중한 사람들과 평화로운 시간을 보내는 것.' 이 말을 삶의 신조처럼 여겨왔던 나는 그 레일에 진입하기 위해 노력해왔다. 그리고 직장에 다니면서 주말에는 남자친구를 만나고, 가끔 부모님도 찾아뵈었다가, 종종 친구들과 만나 수다를 떠는… 지극히 평범한 나의 삶이 그 신조에 꼭 맞

다고 생각했다. 분명 '나는 행복한 사람'이라고 굳게 믿었다.

하지만 현실은… 하루에도 수십 번씩 치고 올라오는 불안과 불만, 정체를 알 수 없는 무언가에 쫓기는 듯한 기분 때문에 하루에도 몇 번씩 마음이 요동쳤다.

'남 부러울 것도, 부족한 것도 없는 것 같은데 왜 이렇게 자꾸 불안하고 초조할까? 왜 이렇게 부정적인 생각에 빠지는 걸까?'

심지어 이런 생각까지 하게 되었다.

'나, 이상한 걸까…?'

맏딸로 자란 나는 '하지 않으면 안 된다'라는 책임감이 강했다. 그런 책임감으로 똘똘 뭉쳐 무슨 일이든 빈틈없이 해내려고 노력해왔다. 그래서 '좋은 딸, 좋은 연인, 좋은 팀원, 좋은 언니, 좋은 친구'가 되고 싶다는 생각이 남달리 강한 편이었다.

가족들 사이에선 '걱정 제조기'라고 불릴 정도였다. 지나치게 걱정하다가 밤을 홀딱 새우고 아침을 맞이하는 일도 왕왕 있었다.

회사 일이 너무 많아 매일 자정 넘어서야 집에 돌아오고 이른 아침 다섯 시에 일과를 시작하는 생활이 이어졌다. 끝없이 밀려오는 업무에 데이트는커녕 주말도 반납하며 일하고 있었다. 느긋한 휴일을 보낸 게 언제였나, 까마득할 지경이었다. 모든 것이 버겁고 힘들게 느껴졌다.

그렇게 종일 긴장감과 불안, 피로 속에 고군분투하다 집에 돌아오면 나는, 천장을 올려다보며 수도 없이 자책에 빠졌다.

'일하는 건 좋지만, 해도 해도 할 게 너무 많아.'

'결혼 준비는 도대체 언제 하지.'

'이달 대출금 내야 하지? 저축도 빠듯하네.'

'다들 당연하게 하는 일을 나는 왜 못하지?'

그러다 문득 정신을 차려 보면 꼬리에 꼬리를 무는 생각은 다음 질문에 가닿았다.

'나는 도대체 무엇 때문에 사는 걸까?'

이런 끔찍한 지옥을 내가 만들었다고?

그러던 어느 날이었다. 내 상황을 전혀 모르는 지인이 책 한 권을 빌려주었다.

《영혼을 리드하는 인생지도》(에하라 히로유키 지음, 눈과마음, 2004)라는 책이었다.

"지금 당신에게 일어나는 일은 모두 과거의 당신이 만들어낸 현실이다. 그리고 앞으로의 삶을 어떻게 만들어갈지도 모두 당신의 의지에 달려 있다."

'내 인생에 나타나는 모든 현상은 나 자신이 끌어당긴 것이다.'

이 문장을 처음 읽었을 때 괜스레 화가 났다.

'지금 이 상황을 내가 만들었다고? 이런 지옥같이 끔찍한 현실이 내 탓이라고?' 이토록 힘든 하루하루가 모두 내 탓이라니 도무지 이해할 수 없었다.

하지만 이날 이후 일어난 한 사건이 내 생각을 크게 바꾸어놓았다.

살아 있기만 해도 괜찮아

그날은 오랜만에 이른 퇴근을 기대한 날이었다. 고향에서 부모님이 올라오기로 한 날이라 퇴근 후 같이 저녁을 먹을 예정이었다. 이날을 위해 며칠 야근을 불사했다. 부모님께 맛있는 저녁을 사드리고 이 복잡한 도시에 번듯하게 자리 잡은 내 모습도 보여드릴 작정이었다.

그런데 퇴근 시간이 얼마 남지 않은 시각, 다급하게 팀장이 나를 불렀다.

"○○ 거래처에 물건이 잘못 갔다는데, 이게 무슨 일이야!"

팀장은 지난주 처리해놓은 거래처 물품 발송에 문제가 생겼다며 당장 거래처로 가서 진상을 파악하고 수습할 것을 지시했다.

오가는 시간만 따져도 두 시간, 아찔했다. 이대로라면 저녁 약속에 늦을 것이 분명했다. 부모님께 전화를 걸어 식당에 늦게 도착할 것 같다고 자초지종을 설명하고 서둘러 거래처로 향했다.

결국 나는 부모님과 저녁을 먹지 못했다. 식당에 가지도 못했다.

부모님의 얼굴을 본 것은 기차역, 저녁을 다 먹은 후에도 한참 나를 기다린 부모님은 미리 예매해놓은 기차를 타기 위해 자리를 떠나야 했고, 나는 부모님을 이대로 보낼 수 없어 기차역으로 서둘러 갔다.

　역 안에서 두리번거리며 나를 기다리는 부모님을 본 순간, 눈물이 왈칵 쏟아졌다.

　'이런 말도 안 되는 불행을 정말로 내가 만들었다는 거야?'

　이렇게 아등바등 살고 있는 내 자신이 가엽고 서러웠고 화가 났다. 약한 모습을 보이기 싫어 울음을 참고 싶은데, 부모님과 가까워질수록 더 흐느낌을 멈출 수 없었다. 주제할 수 없이 눈물이 쏟아졌다. 때마침 나를 발견한 아빠가 나를 보고 달려왔다.

　"괜찮아? 대체 무슨 일이야?"

　그와 동시에 나는 대성통곡하며 말했다.

　"이러려던 게 아닌데… 좋은 딸이고 싶은데 항상 무슨 일이 생겨버리네. 아 어떻게 이래. 매일 이렇게 사는 게 힘들어. 정말이지, 다 그만두고 싶어."

　내 말을 듣던 엄마가 나를 끌어안고 말했다.

　"우리 딸 힘들게 해서 미안해. 너무 고생하는 거 같아 어째. 네가 웃지 않으면 엄마도 싫어. 그러니까 너무 애쓰지

마. 그냥 있어만 주면 돼. 살아만 있어줘."

정말 하지 않으면 안 되는 걸까?

'…응? 살아만 있어 달라고?! 살아 있기만 해도 괜찮아?'

엄마의 말은 내게 꽤 충격적인 것이었다. 노력하지 않고 그냥 있어도 괜찮다니 지금까지 생각조차 해보지 않은 삶이었다.

나는 그날 밤은 물론 그다음 날도 온종일 머릿속으로 그 말을 곱씹었다.

'내가 뭔가 잘못 생각하고 있던 게 아닐까. 살아만 있어도 충분한 것이었는데.'

엄마의 말은 내가 그동안 믿어온 모든 것을 다시 생각하게 했다. 그 말대로라면 '좋은 딸이 되어야 해', '좋은 직장에 다녀야 해', '지시를 잘 따라야 해', '검소하게 생활해야 해', '동생들을 돌봐야 해' 등 스스로 '하지 않으면 안 돼'라고 여겼던 일 모두 하지 않아도 괜찮은 것들이었으니 말이다.

나는 내가 하고 있는 일들, 해야 한다고 믿는 모든 일을 노트에 적어가기 시작했다.

출근, 자격증 공부, 설거지, 청소 등 매일 해야 하는 일부터 시작해, 좋은 딸 되기, 성실한 연인 되기, 대출금 갚기, 좋은 집에 살기 등 조만간 이루고 싶은 소망들까지.

한참을 쓰다가 재미있는 사실을 깨달았다. 하지 않으면 안 된다고 생각했던 일들 대부분은 하지 않아도 죽지 않는다는 것, 다시 말해 삶과 직결되는 문제가 아니라는 것이다. 대부분 'OO하게 되면 큰일이니까, 뒤처지니까, 모자라 보이니까'라는 불안감에 해왔던 일이었다.

'지금은 나를 추스를 때야. 꼭 필요한 일만 하고, 나머지 시간에는 철저히 쉬자.'

이런 결심을 하고 '하지 않으면 안 돼'라고 생각했던 일들을 조금씩 줄여나갔다.

의무라고 믿었던 일들을 하나씩 줄여가자 '나의 세계'에 여러 가지 변화가 일어나기 시작했다.

첫 번째 변화는 짜증이 치밀어오르는 일이 줄어든 것이었다.

마음에 여유가 생겨서일까? 여전히 일은 바빴지만 이전처럼 초조해지지 않았다.

그리고 일이 버겁거나 몸이 좋지 않을 때는, 상사와 동료에게 도움을 청하게 되었다. 예전에는 '다들 바쁠 테니 어떻게든 혼자 해보자' 하는 마음이었는데, '살아 있기만 해도 괜찮다'는 말 때문인지 선뜻 도움을 구하게 됐다.

예전의 나는 '이상적인 내가 되고 싶다', '가장 이상적인 상태이고 싶다'라는 목적을 이루기 위해서 수도 없이 '하지 않으면 안 되는 일'을 나 자신에게 강요했다.

하지만 이것은 '지금 이 순간의 나'를 계속 부정하고, 스스로를 괴롭게 만들 뿐이었다.

누구에게도 의지하지 않고 혼자서 애써온 것도 '잘하지 못하는 나', '쓸모없는 나'는 남들에게 인정받지 못한다고 생각해서였던 것. 하지만 누구보다 가장 인색하게 나를 인정하지 않은 사람은 바로 나 자신이었다.

'잘하지 못해도 괜찮아.'

그렇게 나를 다독이고 용서하고 나니 조금은 마음이 홀가분해졌다. 나를 짓누르고만 있다고 생각하던 일들도 한결 가벼워졌다.

그것이 시작이었다.

그 이후로 나는 심리에 관한 책과 강연을 닥치는 대로 찾아다녔다. 나는 내가 경험한 '마음 변화'와 그 힘 대해 좀 더 알고 싶었다.

마음의 힘을 확신하게 된 것은 우연히 유명 심리상담가 고코로야 진노스케의 강좌를 수강하면서였다.

그의 강좌는 그룹별로 나뉘어 진행되었고, 참석자들이 저마다 안고 있는 고민을 이야기하면 고코로야 씨가 특유의 '마법의 말'로 그 스스로 깨닫지 못하는 문제의 본질을 짚어주는 형식이었다.

드디어 나의 차례가 돌아왔고….

나는 앞에서도 이야기한 고민들을 털어놓았다. 업무와 사생활, 인간관계 등에서 느끼는 불안, 분노, 무력감, 죄책감 등을 두서없이 털어놓았다.

그러자 예상치 못한 답변이 돌아왔다.

"당신은 '좋은 사람이 아니다'라고 말할 수 있나요?"

"'나는 나쁜 사람이다' 하고 외쳐보세요!"

'응? 이 사람, 뭐라는 거야? 그런 말을 할 수 있을 리가….'

그렇게 생각한 순간, 갑자기 봇물 터지듯 눈물이 쏟아졌다. 그리고 얼마 동안 아무 말 못 하고 흐느꼈다.

집에서는 자랑스러운 딸과 좋은 언니로, 회사에서는 믿음직한 직원으로, 남자친구에게는 함께하면 평온한 행복을 느끼는 연인으로 보이기 위해 애써왔다. 정확히 말하면 매일 분투했다. 왜냐면 그런 존재이고 싶었으니까. 그런 내게 '나쁜 사람'이라고 선언하라니.

내 흐느낌이 잦아들 때까지, 가만히 나를 지켜보던 고코로야 씨가 말을 이어가기 시작했다.

"누군가에게 보답하겠다는 마음으로 살면 말이죠, 당신 자신이 될 수 없어요. '이상적인 어떤 것'이라는 역할뿐인 허상을 좇게 될 뿐이죠. 우선은 당신이 온전히 당신의 삶을 살아야 해요.

'온전히 당신 자신의 삶을 산다', 막연하게 느껴지죠? 그리 어렵지 않습니다. 있는 그대로의 나를 인정하는 '자기수용', 모든 것은 거기서부터 시작할 수 있는 거에요."

그리고 자신을 부정하는 일이 스스로 한계 상황을 만들어 낸다고 했다. 그러니 사람들에게 자신의 모습을 더 적극적으로 드러내 보이면 앞으로 재미있는 일이 일어날 거라고 조언해주었다.

마음의 힘을 키워주는 '자기수용'

자기수용이란 있는 그대로의 자신을 받아들이는 일이다. '있는 그대로'라는 것은 내 안에 있는 부정적인 면까지 온전히 받아들이는 것을 말한다. 한없이 나를 침잠하게 하는 부정적인 생각과 감정들 모두 말이다.

고코로야 선생 역시 여러번 강조했다. 부정적 감정을 그대로 인정하는 자기수용을 거듭하다 보면 자신이 진짜 원하는 소망을 깨닫게 되고, 나아가 마음 깊숙한 곳에 자리한 소망은 '하고 싶다'는 마음을 절로 일으키며, 그것이 좋은 실행과 결과를 낳는다고 말이다.

'좋아', 일단은 나도 '있는 그대로'를 실천해보기로 했다. 많은 책과 강의에서 권하는 것처럼 부정적인 감정이 떠오를 때마다 노트나 휴대전화에 모두 적어내려갔다.
'나는 하루에도 몇 번씩 부정적인 감정이 올라오잖아. 이거라면 얼마든지 할 수 있겠어!'

그날부터 부정적인 감정이 생길 때마다 노트에 온갖 욕설과 함께 마음속에 있는 불안을 쏟아냈고, 또 하나의 내가 하는 이야기를 들어주듯 부정적인 나를 받아들이는 일을 반복했다.

그러자 신기하게도 차츰 마음이 차분해지고 안정되었다.

진짜 내가 원하는 것을 깨닫다

사람은 자주 망각한다. 간절하게 원하는 것이 있어 스타트를 끊었는데, 눈앞에 놓인 미션, 빠르고 복잡하게 흘러가는 일상에 치여 자신이 무엇을 원했었는지 자주 잊는다. 그러면 인생은 뜻대로 흘러가지 않는다.

떠올린 아이디어를 구현해 사업하는 것이 목표였는데, 사업을 꾸려가다 보면 매달 내야 하는 임대료나 급여가 일의 목적이 되어버린다. 그러면 처음에 신이 나서 하던 일도 고객이 늘지 않거나 자금 회전이 어려워질 때마다 자꾸 초조해지고 불안해진다.

블로그 방문자 수도 마찬가지다. 방문자 수가 한 번에 몇만 명 될 수는 있어도 그 숫자를 유지하기란 쉽지 않다. 때문에 올리고 싶은 글보다는 읽는 사람의 반응을 염두에 둔 글을 쓰게 된다. 숫자라는 건 참 재미있어서, 일일 방문자 수가 몇백 명 정도일 때는 1만 명 달성이 꿈같은 일로 느껴지지만, 한 번 그 숫자를 넘어서면 방문자 수가 조금만 떨어져도 불안하고 초조해진다.

나 역시 처음에는 나를 위해 시작한 일이 언제부터인가 다른 사람의 기대에 부응하는 쪽으로 바뀌었음을 깨달았다. 그렇게 하나하나 쌓인 부정적인 감정은 어느새 비구름처럼 나의 일상을 뒤덮어버렸다.

이전의 나는 어떻게 해야 이 상황에서 벗어날 수 있는지 여전히 몰랐다.

하지만 다행스럽게도 나는 우연한 계기로 시도 때도 없이 올라오는 부정적인 감정을 무시하거나 그냥 사라지기만 기다리는 것이 아니라, 자신과 충분히 대화를 나눔으로써 온전히 받아들여야 하며 그 과정을 통해 마음의 평안을 얻을 수 있다는 사실을 알게 되었다.

주어진 역할과 책임 이상을 실현하는 것으로 메워왔던 마음의 구멍을, 이제는 내 마음의 평온에 초점을 맞춤으로써 메울 수 있게 된 것이다.

이러한 깨달음은 오로지 목표를 달성하는 데만 매달렸던 나에게 '지금 있는 그대로의 나'를 받아들이는 일이 더없이 중요하다는 사실을 일깨워주었다.

마음에서 시작된 인생의 변화

이후로도 나는 마음 평온한 하루하루를 보내고 있다.

더 놀라운 것은 자기수용에 대해 탐구하고자 본격적으로 심리상담 공부를 시작했고, 그것이 지금까지 이어져 심리 카운슬러이자 마인트 트레이너로 활발하게 활동하고 있다는 사실이다.

처음에는 내가 겪은 작은 변화를 전반적인 내 삶부터 주변 전체로까지 확장하고 싶다는 마음이었는데, 지금은 매회 진행하는 세미나가 전석 매진되고, 나아가 심리 카운슬러 양성 스쿨을 운영할 정도가 되었다.

특히 내가 진행해온 세미나 중 가장 심화 단계인 '자기실현 클래스'가 3,000명 수강생의 입소문을 통해 널리 유명해지면서 (정말로 꿈만 같았던) 인기 프로그램인 〈SMAP×SMAP〉에도 출연했다.

꾸준히 공부하고 상담하고 있다 해도 여전히 내 마음은 많이 흔들린다. 그래도 예전만큼 고민하지는 않는다. 마음을 평온하게 다스릴 힘이 내게 있기 때문이다. 나는 지금도 매일같이 노트를 마주하고, '부정적인 감정'을 토해내고 수용하는 일을 되풀이하고 있다.

평온한 마음의 열쇠는 바로 우리의 '무의식'에 있다. 우리가 느끼는 불안과 걱정의 뿌리에 자리하는 무의식과, 무의식이 어떻게 '마음의 평온'으로 연결 지어지는지 알면 삶이 좀 더 편안해진다. 이제 한번 그 과정 속으로 들어가보자.

제1장

마음이 요동치는 이유는 '무의식'에 지배당한 탓이다

당신에게도 한 번쯤은 이런 경험이 있지 않은가? 걱정거리에 온통 정신을 빼앗겨 만사 제쳐놓고 해결하려 애쓰던 경험 말이다.

하지만 뜻대로 풀리지 않을 때가 많았을 것이다. 혹은 당시에는 문제가 해결된 듯 보였지만, 또 다른 곳에서 비슷한 일과 맞닥뜨렸을지도 모른다.

그 이유는 눈앞에 보이는 것이 본질적인 문제가 아니기 때문이다. 진짜 문제는 우리의 감정의 토대를 이루는 '무의식'에 있다.

프롤로그에서도 이야기했듯이 과거에 내가 걱정에 빠지

거나 일이 잘 풀리지 않았을 때 무의식중에 한 생각들은 온통 '나에게 없는 것', '나로서는 바꿀 수 없는 것'에서 파생된 것이었다.

그러다 보니 표면적인 행복만 좇게 되고, 평판을 더 중히 여겼다. 한발 더 나아가 '이상적인 나'가 되기 전까지는 '지금의 나'를 인정해서는 안 된다고 생각했다.

나를 찾아오는 고객들 또한 마찬가지였다. 그들이 안고 있는 걱정의 뿌리에는 대부분 '나는 가치가 없다', '나는 능력이 없다', '현실은 바꿀 수 없다'라는 사고가 깔려 있었다. 다음 장에서 자세하게 설명하겠지만, 이는 우리가 무의식적으로 하는 생각에서 비롯된 결과다. 무의식이 제멋대로 굴게 내버려두면 '반드시'라고 해도 좋을 만큼 부정적인 '사고 패턴'에 빠지게 된다.

이러한 사고 패턴은 불안, 걱정, 공포, 초조, 타인과의 비교, 죄책감, 무가치함과 같은 부정적인 감정을 일으킨다. 이를 달리 표현하면 '할 수 없어', '무리야', '안 돼', '○○하지 않으면 안 돼', '○○해야만 해', '해답이 뭘까?' 같은 것들이다. 행동으로 예를 들자면 잘 풀리는 일보다 그렇지 못한 일에 눈길이 더 가는 것을 들 수 있다. 부정적인 감정은 이런 마음의 상태를 알려주기 위해서 보내오는 신호다.

그럼 우리가 무의식중에 빠지기 쉬운 부정적 사고 패턴에서 어떻게 현실을 호전시킬 수 있는지 알아보도록 하자.

'부정적인 건 좋지 않아. 얼른 긍정적인 생각으로 전환시켜야 해!'

적지 않은 사람들이 부정적인 감정을 느끼면 바로 없애려고 안간힘을 쓴다. 그래도 안 되면 '늘 부정적인 감정에 사로잡혀 있다니, 나는 쓸모없는 인간이 틀림없어'라며 자책하고 우울해한다.

하지만 그런 생각은 이제 버려도 좋다. 부정적인 감정은 자연 발생하기에 없애기는 불가능하기 때문이다.

이 세상에는 음과 양, 앞면과 뒷면, 마이너스와 플러스가

자연스레 존재한다. 둘 중 하나만 좋고 다른 하나는 나쁘다고 할 수 없다. 감정도 마찬가지여서 부정적이든 긍정적이든 모든 감정에는 저마다 중요한 역할이 있다.

특히 부정적인 감정은 자신이 무의식중에 하는 생각을 알려주는 역할을 한다. 하지만 대부분은 감정에만 휘둘리느라 감정이 보내오는 신호를 제대로 알아차리지 못한다.

싫은 일을 맞닥뜨렸을 때 생기는 부정적인 감정을 긍정적인 사고로 전환하려고 한다거나 모르는 척 외면하는 행동은 감정을 그대로 내 안에 가둬버리는 일이다. 그렇게 소화되지 못한 감정은 삶의 다양한 장면에서 반복해 그 존재를 드러낸다. 그리고 어느 날, 쌓이고 쌓여 있던 감정은 어떤 일을 계기로 별안간 폭발한다.

이를 막기 위해서는 무엇보다도 스스로 부정적인 감정을 토해낼 수 있는 환경을 만들어야 한다. 쏟아낸 감정의 말들과 마주하고 '나는 왜 그렇게 느꼈을까?' 하고 질문해보면 의외의 선입견이 숨어 있다는 사실을 알 수 있다.

'선입견'은 평소에는 무의식 아래에 몸을 숨기고 있는 탓에 좀처럼 눈치채기 어렵다. 그래서 부정적인 감정이 고개를 내미는 그 순간이 알아챌 수 있는 절호의 기회다.

상담하다 보면 '느낀다'는 감정이 도대체 무엇인지 모르겠다는 말을 종종 듣는다. 이는 감정이나 의식에 관해 거의 배우지 못한 채 어른이 되어버린 우리에게는 어쩔 수 없는지도 모른다.

'남자는 눈물을 보여선 안 돼!'

'언제까지 끙끙대고 있을 거야!'

오히려 이런 말을 더 많이 들으면서 자랐기 때문에 부정적인 감정을 포기해버린 사람도 많을 것이다.

사실 이는 우리가 '행복'을 느끼기 어렵게 만드는 이유이기도 하다. 기쁨을 온전히 느끼지 못하고, 자신의 좋은 점을 인정하길 꺼리는 것 또한 같은 이유에서 기인한다.

하지만 안심하시라. '느낀다'라는 감각은 제3장에서 소개하는 방법을 따라 하다 보면 언제든 되살릴 수 있다. 슬픔에 빠졌을 때, 화가 치밀어오를 때, 짜증이 날 때 그 감정을 솔직하게 느끼는 일은 나쁜 것이 아니다.

또 부정적인 감정은 거부하기보다 받아들임으로써 승화할 수 있다. 부정적인 감정도 있는 그대로 느낀다면 생각보다 오래가지 않는 법이다.

잊지 말아야 할 것은 내가 먼저 나의 마음을 알아주어야 한다는 점이다. 살다 보면 누구나 부정적인 감정에 빠진다. 그럴 때는 이를 무리하게 긍정적으로 바꾸려 하기보다는 '있는 그대로의 자신'을 드러낼 필요가 있다.

부정적인 감정을 있는 그대로 받아들인다고 일이 잘 풀리는 것은 아니다. 끝도 없이 부정적인 감정에 젖어 있다 보면 에너지가 떨어지고 자칫하면 나에게 해가 되는 일을 끌어당기기 쉽다. 이 상태에서는 현실을 변화시킬 수 없다.

부정적인 감정에서 빠져나오지 못하는 이유로 자신이 불행한 원인을 다른 사람이나 세상 탓으로 돌리는 행동을 들 수 있다.

'저 사람이 없으면 나도 행복해질 수 있어.'

'저 사람 때문에 늘 나쁜 일이 생긴다니까.'

'이 상황만 바뀌면 더 편하게 살 수 있을 텐데.'

이런 사고는 '지금 내가 체험하는 현실'을 만든 것은 타인이고, 나는 '희생자'일 뿐이라는 의식으로 세상을 보고 있다는 증거다. 이 사고방식을 바꾸지 않는 한 우리는 결코 현실을 원하는 방향으로 이끌 수 없다.

예전에는 나도 숱하게 이런 생각에 빠졌다.

'왜 저 사람만 잘나가는 걸까?'

'왜 이렇게 안 좋은 일만 생기지?'

오로지 '왜? 어째서?'라는 생각만 들 뿐 상황은 좋아지지 않았다.

"지금 당신이 처한 현실을 만든 사람은 다른 누구도 아닌 당신 자신이다."

앞서 언급했듯이 책에서 이 문장을 읽었을 때 나는 엄청난 충격을 받았다.

하지만 감당하기 힘든 상황에서 '지금 겪고 있는 현실은 모두 내가 만들어낸 거야'라고 생각하기란 쉽지 않다. 어설

프게 고민하고 불평불만을 늘어놓기만 하는 상태로는 이 사실을 받아들이고 진심으로 자신을 변화시키는 단계로 나아가지 못한다.

인생이 바닥을 쳤다거나 사방이 꽉 막혔다고 느끼는 등 자신의 힘으로는 어찌할 수 없는 상태에서야말로 우리에게 보이지 않는 힘이 작용한다. '할 수 있는 일은 다 했으니 나머지는 하늘의 뜻에 맡길 수밖에 없어'라며 체념하는 상황을 상상해보라. 힘이 빠져 있을 때일수록 커다란 변화가 일어난다.

부정적인 상태가 지속되고 있음을 깨달았을 때 마음껏 우울해하고 절망해보는 것도 한 가지 방법이다. 끝이 보이지 않는 인생의 밑바닥을 상상하면 몸서리쳐질 만큼 무서울 것 같지만, 실제로 경험해보면 밑바닥은 제로, 즉 무한한 가능성의 시작임을 알 수 있다.

살다 보면 자기 의사와 상관없이 승부처에 서는 일이 생긴다. 잘하면 찬사를 받지만 못하면 가치 없는 사람으로 평가되는 시간이다. 중학교 입시학원에 다닐 때 일이다. 학원 교사는 시험 결과가 나쁜 학생부터 답안지를 돌려주겠다고 하자마자 내 이름을 불렀다. 그 순간 교실 안에 있던 친구들의 시선이 일제히 나에게 쏠렸고, 나는 이루 말할 수 없이 창피했다.

　그날부터 학원에 가기가 무서워졌고, 시험을 볼 때마다 하위권 반으로 강등되었다. 성적이 또 떨어지면 다음부터는 학원을 그만두라는 부모님의 말을 듣고 나서야 비로소 마음이 놓였던 기억이 난다.

그 후에도 나의 가치가 숫자로 매겨져 괴로웠던 경험을 몇 번이나 겪었다. 열심히 하는데도 생각만큼 결과가 따라주지 않을 때마다 부정적인 감정이 차올랐다. 정말이지 몸이 떨릴 정도로 무섭고 괴로웠다. 숫자가 곧 나의 가치라고 믿었기 때문이다.

훗날 마음공부를 하면서 입시학원에서의 경험이 아직도 '마음의 가시'로 남아 있음을 알게 되었다. 어째서 '역시 난 안 된다'고만 생각하고 '두고 봐. 반드시 되돌려주겠어'라고 벼르지는 못했을까.

'그 사람한테 이렇게 말해줬어야 하는데.'

'그때 이렇게 했더라면 좋았을 텐데.'

살다 보면 이런 생각이 들어 화가 치밀어오르는 일이 있지 않은가.

나는 어린 시절 온전히 느끼지 못한 감정을 몇십 년이 지난 후에서야 마음이 후련해질 때까지 느꼈다. 그러자 마음 속에서 조금씩 자신감이 차오르기 시작했고, 그 후로는 숫자로 평가받아도 괴롭지 않게 되었다.

부상으로 인해 몇 년 동안 재활 치료에 전념한 뒤 복귀한 어느 스포츠 선수의 인터뷰를 보게 되었다.

"선수 활동을 중단하고 재활을 결정했을 때는 심리적으로 타격이 컸습니다. 그저 쉬게 되면 틀림없이 '두고 봐. 언젠가 꼭 되돌려주겠어!'라고 결심하게 되리라고 믿었죠. 하지만 그런 마음이 생기지도, 연습에 매진해야겠다는 생각이 들지도 않았어요. 그래서 아무것도 하지 않았습니다. 그저 그때그때 기분에 따라 생활했습니다.

무기력하게 지내던 중, 제 형님이 애들에게 운동을 좀 가르쳐달라고 하더군요. 할 일도 없었고 놀이처럼 하는 운동이라면 저도 크게 부담이 없어 일주일에 한 번씩 몇 주 동안 조카들에게 운동을 가르쳐줬습니다. 그러다가 자연스럽게 운동하던 지난 생활이 떠오르더군요. 점점 '하고 싶다!'라는 마음이 올라왔어요. 혼자 연습도 조금씩 하기 시작했고요. 하다 보니 즐겁더라고요. 그래서 자연스럽게 복귀를 결심하게 됐습니다."

'세상이 꼭 승부나 숫자로만 사람을 평가하지는 않는구나.' 이를 깨닫자 나의 가치를 인정받는 느낌이 들었다. 그리고 이기고 지는 것보다 스스로 즐겁다고 느끼는 일에 에너지를 쏟아야겠다고 다짐했다.

'두고 봐. 반드시 되돌려주겠어!'라는 생각은 다시 일어서기 위한 원동력이 될 수 있다. 하지만 그렇게 해서 얻고 싶은 것이 '우월감'이라면 이내 '열등감'이 따라온다는 사실을 잊지 말자.

타인과의 승부나 우열, 지위의 높고 낮음, 능력의 차이를 우선시하는 무대에 서 있다 보면 언제 다른 사람에게 추월당할지 모른다는 초조함 때문에 마음을 놓지 못한다.

이제 승부의 무대 따위에는 서지 않아도 괜찮다고 자신을 다독여주자. 그리고 어떻게 하면 내 마음이 편하고 가벼워질지만 생각하자.

'저 사람은 괜찮은 결과를 내니 얼마나 좋을까? 그에 비해 나는 뭘 하는 거지?'

'예전에는 나도 잘나갔는데 어쩌다 이렇게 되었을까?'

'지금의 나는 내가 바라던 이상적인 모습과 거리가 멀구나.'

이처럼 다른 사람 혹은 예전의 나와 자신을 비교해가며 스스로의 가치를 인정하지 못하는 사람이 있으리라 생각한다.

얼마 전에도 이상이 높고 그에 걸맞기 위해 굉장히 노력하다 보니 오히려 더 자신을 인정하기 어려워하는 사람을 만난 적이 있다.

우리는 얼마나 많은 것을 이뤄야 자신을 인정할지 모를

때가 많다. 그래서 끊임없이 스스로를 채찍질한다. 그러나 아무리 달려도 결승점이 보이지 않기에 얼마나 더 가야 하는지 괴롭고 아찔해진다. 무의식중에 이런 상황에 놓이는 사람이 생각보다 많다.

타인과 비교함으로써 자신의 가치를 결정하는 일도 비일비재하다.

상황에 따라 비교 대상이 수시로 바뀌다 보니 나보다 잘하는 사람 앞에서 갑자기 자신감을 잃기도 하고, 반대로 '저 사람처럼 되어야만 해'라며 본래의 목적을 잊고 자신의 가치를 높이는 일에 에너지를 쏟기도 한다.

타인을 비교 대상으로만 보면 순수한 관계를 맺기 어려워진다.

자신을 보호하는 일에 집중하다 보니 나에게 득인지 실인지 따져 상대의 가치를 평가하거나 '배신했다' 혹은 '배신당했다'라는 말 따위로 구분해 관계를 해치기도 한다.

그럴 때는 먼저 내가 비교라는 관점에 빠지지 않았는지 생각해보아야 한다. 그리고 누구나 '무의식'중에 이런 상황에 빠지기 쉬우니 자신을 탓하지 말아야 한다. 또 타인과 나를 비교하는 상태에서는 마음의 평온이라는 본래의 목적을 쉽게 잊어버리고 무엇을 해도 순조롭지 않는다는 점을 명심하자.

당신의 가치는 비교로 결정되지 않는다. 다른 사람과 자신을 비교해가며 자신감을 얻거나 잃을 필요는 없다.

이 말을 믿고 일단 '휴우' 하고 숨을 크게 내쉬며 마음을 편히 가져보자. 그러고 나서 본래의 목적을 떠올리면 길은 저절로 열릴 것이다. 더욱이 나와 같은 길을 가는 사람을 본보기로 삼는 것은 굉장히 바람직한 일이다.

'내가 한 일은 그대로 나에게 돌아온다.'

사람의 심리와 관계, 나아가 우주의 구조를 배우면서 알게 된 법칙이다.

나는 바로 실천에 옮겼다. 다른 사람을 험담하면 나 또한 험담의 주인공이 될 수 있다는 생각에 아무리 화가 나는 일이 있어도 '저 사람에게 틀림없이 안 좋은 일이 있었을 거야'라며 긍정적으로 생각했다.

그랬더니 이상한 일이 벌어졌다.

어찌 된 영문인지 내 주위에 다른 사람의 험담을 하는 이들이 모여들기 시작했다.

'나는 험담하지 않으려고 이렇게 노력하는데, 이 사람들은 왜 내게 와서 아무렇지 않게 다른 사람을 흉보는 거지?'

그래서 나도 상대에게 직접 말하든 하지 않든 화가 날 때는 '아, 열받아!' 하고 내 기분을 있는 그대로 느껴주기로 했다. 그랬더니 내게 다른 사람의 험담을 하는 이들이 사라지는 게 아닌가. 놀라울 정도로 완전히 말이다.

심리상담가로서 활동을 시작하고 얼마 뒤, 한 여성이 나를 찾아왔다. 그녀는 보기만 해도 화가 치밀 정도로 싫어하던 전 직장 동료 때문에 회사를 그만두었는데, 이직한 곳에도 비슷한 사람이 있어서 힘들다는 고민을 털어놨다.

나는 그녀에게 그 사람을 보면 어떤 생각이 드는지 글로 한번 써보라고 했다.

잠시 후 그녀는 이런 말들을 적어냈다.

"다들 열심히 일하는데 왜 당신은 안 하고 노는 거야!"

"그렇게 대충대충 일하지 말라고!"

"일도 제대로 안 하면서 월급은 꼬박꼬박 받고 싶냐!"

그녀는 자신도 깜짝 놀랄 만한 말들이 튀어나와서 순간

당황해했다.

사실 이것은 그녀의 머릿속에서 항상 울리는 목소리다. 이 '에고의 소리'가 자신의 잣대에 맞지 않는 사람을 보면 뇌에서 '금기사항'으로 반응해 밖으로 표출되는 것이다.

또한 에고의 소리는 타인뿐 아니라 24시간 자신을 향하는 소리이기도 하다. 내 안에서 강하게 부정하고 억누르고 있는 것들이 일상에서 일어나는 현상이나 사람을 볼 때 나타나는 것이다.

이런 일들은 당신의 진짜 마음을 알리기 위해서 일어난다. 나는 그녀에게 싫어하는 직장 동료를 향해 마음에 담고 있던 말을 내뱉게 한 뒤, 스스로에 대해서도 질문했다.

"만약 무엇이든 허락된다면 어떻게 하고 싶나요?"

그랬더니 이런 대답이 돌아왔다.

"일하지 않아도 수입이 생겼으면 좋겠어요."

이 말은 곧 하고 싶은 것을 애써 참고 있는 자신에 비해 눈치 보지 않고 마음 대로 행동하는 상대의 모습에 화가 났다는 말이다. 왜 화가 났는지 알았으니 이제는 참기를 그만두

어야 한다.

    그녀는 얼마 뒤, 마지못해 다니던 직장을 그만두고 하고 싶은 일을 하며 살기로 했다는 말을 전해왔다.

    '이렇게 해야 해', '남들도 다 그렇게 살아'. 이런 사고방식은 언뜻 맞는 것처럼 보이지만, 실은 자신을 풍요롭게 하지 않을 때가 많다. 게다가 이런 시각은 보통 무의식중에 형성되기 때문에 스스로 알아차리기란 여간 어려운 일이 아니다. 내 안에 숨어 있는 '반응의 씨앗'을 눈여겨보는 일이 굉장히 중요하다. 자신이 느끼는 감정을 발산하지 않고 참기 때문에 주위 사람의 행동에 반응하는 것이다.

이 원리를 알고 난 후에 나도 화가 날 때는 화를 내고, 싫은 것은 싫다고 솔직하게 감정을 드러내기로 했다. 생각을 바꾸자 놀랍게도 화나는 일이 점점 줄어갔다.

일상에서 일어나는 이런 작은 변화가 하나씩 쌓여 자신을 풍요롭게 한다.

참는 것을 그만두고, 화내고 싶을 때는 화를 내고, 슬플 때는 속이 후련해질 때까지 실컷 울어보자. 하고 싶지 않은 일은 '하지 않아도 괜찮다'라며 자신을 너그럽게 대하고, 불안하거나 초조해질 때는 그 감정을 밖으로 토해내자.

이런 방법으로 자신의 감정에 솔직해지는 습관은 당신을 아주 건강하게 만든다.

이런 질문을 받은 적이 있다.

"내가 하고 싶은 일을 하려고 하면 아이에게 열이 나는 등 무언가 방해하는 듯한 일이 종종 생깁니다. 그만두는 편이 낫다는 뜻일까요?"

이처럼 자신이 행복해진다 싶으면 스스로 행복을 깨뜨려 버리거나 그 상황에서 도망치거나 아니면 가족에게 문제가 생긴다는 사람이 있다. 이는 모두 죄책감과 관련이 깊다.

'내가 하고 싶은 일을 고집하면 안 되지.'

'나만 행복해져도 될 리 없어.'

이렇게 무의식중에 생긴 믿음이 자신을 속박하기 시작한다.

심지어 그 믿음에서 비롯된 듯한 일이 생생한 현실로 나타나므로 자신이 만든 결과라고는 미처 생각하지 못한다.

이 또한 머릿속 에고의 소리를 통해 보이는 세계다. 안타깝게도 많은 사람이 그 사실을 깨닫기도 전에 자신이 하고 싶은 것을 포기해버린다.

"그럼 그렇지. 내가 바라는 대로 될 리 없어."

포기하기엔 아직 이르다. 여기서 중요한 것은 원하는 바를 향해 나아가고자 할 때 자신이 믿는 것에 무의식중에 반응하는 일이 흔하다는 사실을 염두에 두어야 한다는 점이다. 미리 알면 '아, 또 왔구나' 하고 알아채고 당황하지 않고 '죄책감'과 마주할 수 있다. 죄책감은 자신에게 죄가 있다고 믿는 데서 생긴다. 다른 누구도 아닌 스스로 그렇게 믿고 있기 때문이다.

이는 바꿔 말하자면 내 안에서 죄책감을 없앨 수도 있다는 뜻이다. 만약 누군가에게 잘못을 저질렀다면 솔직하게 미안하다고 해보자. 본인에게 직접 사과하기 어렵거나 차마할 수 없다면 마음속으로 '미안하고 고맙습니다'라고 말해도 괜찮다.

이대로 '죄책감의 굴레' 속에서 살고 싶은가, 아니면 그 감정에서 벗어나 하고 싶은 것을 하며 살고 싶은가? 어느 쪽을 선택할지는 모두 당신의 결정에 달려 있다.

지금은 국내외를 넘나들며 생활하고 있지만, 나도 아이들이 어렸을 때는 죄책감에 시달리느라 어디를 가든 가족 생각이 머릿속에서 떠나지 않았다.

한번은 미야자키에서 일하는 중에 남편의 전화를 받았다. 아무리 달래도 아이가 울음을 그치지 않으니 엄마 목소리를 들려주면 나아지지 않을까 하는 생각에서 걸었다는 것이다. 이때 큰 죄책감을 느꼈다는 내 고백에 친정엄마는 이렇게 말씀하셨다.

"그럴 때는 그렇게 힘든 상황에서도 너를 먼 곳까지 보내준 남편에게 고마운 마음을 가져야 해."

엄마의 말에 정신이 번쩍 든 나는 죄책감보다는 먼저 상대에게 고마워하기로 했다. 그렇게 하니 신기하게도 원하는 일을 하더라도 다른 사람이나 스스로를 원망하지 않게 되었다.

　　스스로 잘못을 용서하면 당신의 세계는 놀랍도록 평온해
진다. 도중에 포기하지 말고 그 경지에 이르기까지의 과정
을 즐겨보자.

'아이가 공부는 뒷전이고 게임만 해서 걱정이에요.'

'아이가 학교에 가기 싫다고 해서 어쩌면 좋을지 모르겠어요.'

'아이의 친구 관계가 신경 쓰여요.'

이처럼 자녀를 둘러싼 문제를 호소하는 분들이 종종 있다. 그때 나는 이 말을 가장 먼저 묻는다. "자녀분을 어떤 눈으로 보고 있나요?"

나도 아이들이 자라는 동안 비슷한 문제로 고민했다. 그때 나의 스승이던 카운슬러 선생님에게 똑같은 질문을 받았다.

그때는 아이가 혼자 하교하거나 밖에 놀러 나가게 되면 '무슨 일이 생기는 게 아닐까' 걱정하느라 불안해할 때가 많앉다. 하지만 아이에게 직접 물으면 싫어할 것 같아 물을 수 없었다.

어느 날, 일이 있어 아이의 학교에 갔다가 밖에서 놀고 있는 다른 아이들과 외따로 떨어져 혼자 교실에서 책을 읽고 있는 우리 아이의 모습을 보게 되었다. 나와 눈이 마주친 아이는 몹시 멋쩍어했다.

그 순간 그동안 참아왔던 걱정이 한꺼번에 폭발했다.

"왜 친구들과 같이 어울리지 않니?"

그 일을 카운슬러 선생님에게 말했을 때 돌아온 대답은 이랬다.

"그건 아드님이 아니라 엄마인 당신의 문제예요."

처음엔 그 말을 수긍할 수 없었다. 내 눈에는 그저 외톨이에 불쌍한 아들로밖에 비치지 않았으니까.

하지만 역시 고코로야 씨의 말이 맞았다. 부모의 시선으로 아이를 보면 아이는 부모의 걱정에 걸맞은 역할을 계속 연기하게 된다. 이후에는 아이에 대한 불안이나 걱정이 엄습해오면 스스로에게 이렇게 말을 걸었다.

'이제 아이를 지켜보는 일은 그만두자.'

그랬더니 그토록 외톨이로 보이던 둘째가 친구와 비밀기지를 만든다며 종이상자와 끈 따위를 챙겨서 집 밖으로 놀러 나가기 시작했다. 처음에는 한 아이와 노는 듯했으나 함께하는 친구가 하나둘 늘더니, 어느새 아들은 비밀기지의 대장이 되어 있었다.

친구들과 함께 어울려 노는 아들의 모습을 보고 나서야 걱정이라는 저주에 걸려 있던 사람은 바로 나 자신이었다는 사실을 깨달았다.

이는 육아에만 국한되지 않는다. 돈이나 일, 인간관계, 건강과 관련해서도 '걱정의 눈'으로 누군가를 지켜보는 일은 너무나 흔하다. 스스로에 대해서도 마찬가지다. '걱정의 파수꾼'이 된 자신을 깨달았다면 반드시 '지켜보는 일은 이제 그만두자'라고 자기를 타이르자.

'이대로 괜찮을까?'

'다른 선택지가 더 낫지 않았을까?'

하는 일이 잘 풀리지 않을 때마다 무의식중에 '정답'을 찾으려고 하지는 않는가?

우리는 오랜 기간 학교 교육을 통해 항상 '정답'과 '올바른 자세'를 강요받아왔다. 텔레비전에서 방영되는 퀴즈 프로그램조차도 '정답'과 '오답'을 요구한다. 이 세상은 지나치게 정답에 집착하는 경향이 있다. 그런 사회에서 살다 보면 부지불식간에 인생에서도 '무엇이 올바른 선택이지?'라고 생각하게 된다.

끊임없이 정답을 찾아야 하는 루프에 갇히면 인생은 좀처럼 앞으로 나아가지 못한다. 삶의 방식에는 정답도 오답도 없기 때문이다. 오늘날과 같은 다양성의 시대에 애초부터 올바른 삶의 방식이란 있을 수 없다. 누구도 옳고 그름을 판단할 수 없다.

유명 세미나에 참가했을 때 한 남성이 이런 질문을 했다.

"저에게는 꿈이 있습니다. 하지만 수시로 '내가 해낼 수 있을까?' 하고 의심합니다. 꿈을 향해 나아가는 것이 올바른 선택일까요?"

그러자 강연자가 대답했다.

"맞고 틀린 것을 누가 결정하나요? 답은 당신이 어떻게 생각하느냐에 달려 있을 뿐입니다. 당신은 그 꿈이 실현 가능하다고 생각합니까? 당신이 할 수 있다고 생각하면 가능할 것이고, 반대라면 불가능할 것입니다. 단지 그뿐이지요."

맞는 말이다. 너무 당연해서 자주 잊고 살지만 '모든 것은 다 자기하기 나름'이다.

그렇다고 자신이 불가능하다고 생각하는 일은 평생 이룰

수 없을까? 답은 '아니오'다. 한 번도 등산을 해본 적 없는 사람이 갑자기 에베레스트급 산에 가게 된다면 완등할 수 있다고 쉽게 생각할 수 없을 것이다. 하지만 낮은 산이라면 어떨까? '한번 올라가보자'라고 도전할 수도 있지 않겠는가.

자신이 할 수 있는 단계부터 조금씩 도전하면서 성취의 즐거움을 발견하게 되면 자연스레 다음 단계에도 도전하고 싶은 생각이 드는 법이다.

인생도 마찬가지다. 불가능해 보이는 일도 작은 일부터 시작해 단계를 높여가다 보면 어느새 '할 수 있다'로 생각이 바뀐다. 나는 그런 사람들을 숱하게 봐왔다. 정답이 없는 일에 답을 구하려 하는 것은 시간 낭비다. 그보다는 지금 나는 무엇을 할 수 있고, 할 수 없다고 생각하는지 정확히 파악하고 앞으로 나아가야 훨씬 유익하고 즐거운 인생을 살 수 있다.

실패 같은 건 없다. 설령 도전이 실패로 끝난다고 해도 실패에서 교훈을 얻거나 훗날 이야깃거리 삼을 수 있기 때문이다. 그편이 훨씬 마음이 풍요로지지 않겠는가?

무의식적인 습관이 불안을 만든다

팬데믹이 시작되고 얼마 지나지 않았을 무렵, 슈퍼마켓과 드러그스토어에서 갑 티슈와 두루마리 화장지가 동나는 사태가 벌어진 적이 있다.

종이 제품이 주로 중국에서 제조되다 보니, 코로나19 바이러스 감염증 확산 영향으로 공급이 부족해질지도 모른다는 정보가 SNS에서 빠르게 퍼져나갔기 때문이다. 곧 유언비어로 판명 났지만 이미 엎질러진 물이었다.

사실 이런 유언비어는 사람들이 불안에 떠는 상황일수록 쉽게 퍼진다고 알려져 있다. 공포가 공포를, 불안이 불안을 부르고, 수많은 사람이 서로 의심하는 상황이 벌어진다.

지금은 텔레비전뿐 아니라 유튜브 같은 SNS를 통해서도 불확실한 정보가 널리 확산하는 탓에 무엇이 사실이고 거짓인지 판단하기가 쉽지 않다.

이럴 때일수록 불안은 또 다른 불안으로 이어져 끝없이 계속된다는 사실을 잊지 말아야 한다. 코로나19 바이러스 감염증과 관련한 유언비어가 확산했을 때도 두루마리 화장지가 없어서 불안해진 것이 아니라, 우리 의식의 토대가 불안이나 공포에 반응하기 쉬운 상태가 된 것이다. 무의식 아래에서 일어나는 전형적인 패턴이다.

이런 상태에서는 아무리 시간이 많이 지나도 마음이 평온해질 수 없다.

이와 마찬가지로 일상생활에서도 불안이나 공포에 떠밀려 선택하거나 행동하는 경우가 많다.

'남편이 안 된다고 할 것 같아.'

'이대로 계속 학교에 가지 않으면 우리 애는 어떻게 될까?'

'좋아하는 일만 하다가 잘못되면 어떻게 하지?'

불안을 떨쳐내기 위해 행동한다면 오히려 그 상황에서 벗어나지 못하고 제자리걸음만 할 뿐이다. 일시적으로 마음이 평온해지더라도 또 다른 문제가 생긴다.

그렇기에 불안을 일으키는 근본적인 토대인 무의식의 특성을 알아야 한다.

일이 잘 풀리지 않는 것에
오히려 안도하고 있지는 않은가?

텔레비전에서 쓰레기 집 관련 다큐멘터리를 본 적이 있다. 이웃 주민들의 민원을 해결하기 위해 나선 행정기관을 밀착 취재한 특집 방송이었다.

방송을 보고 놀란 점은 쓰레기로 가득 차 고약한 냄새가 풍기는 상황인데도 정작 그 집 주인은 조금도 불편하지 않아 하는 부분이었다. 그 집 주인의 인터뷰가 굉장히 흥미로웠다. 집주인은 자기 집을 일사천리로 정리하는 사람들을 필사적으로 저지하면서 "제발 그만둬! 내 소중한 집이라고!" 하며 소리를 질러댔다.

그 사람에게는 그 집이 어떤 곳보다도 마음이 평온해지는 장소였던 것이다. 구청 사람이 "아무리 정리해줘도 다시 원래 상태로 돌아가요"라고 말하는 장면이 그 증거다.

인간은 '변화'를 가장 싫어한다.
'변하고 싶어! 바뀌지 않으면 안 돼!'라고 생각하면서도 대부분은 변화를 무엇보다도 두려워한다.
그 때문에 행복 앞에서도 또 다른 문제를 만들어내는 사람이 많다. 이는 자신이 지금 아무리 불행한 상황이라 하더라도 마찬가지다.

예전에 업무와 관련한 대인관계 때문에 고민이 많다는 사람을 상담한 적이 있다. 그때 그녀가 몇 번이고 입에 올린 말이 있었다.
"내가 할 수 있는 일은 아무것도 없어요."
대인관계가 원만하지 않아서 고민이지만 자신에게는 내세울 만한 것이 아무것도 없기 때문에 지금 일을 그만두면 더는 갈 곳이 없다고 했다. 나는 그녀에게 이렇게 질문했다.
"지금 상황에 오히려 안도하고 있는 것은 아닌가요?"

"글쎄요. 어쩌면 나에게는 이런 상태가 어울린다고 생각하는지도 모르겠어요."

그녀는 나의 질문에 머뭇거리며 이런 대답을 내놓았다.

자신이 원하지 않는 상태에 실은 안도하고 있다는 사실을 깨닫는 것이 중요하다. 정작 그 현실을 만든 당사자가 변하지 않는 한 현실은 바꿀 수 없기 때문이다.

주위 사람들이 아무리 열심히 쓰레기를 치워줘도 정작 집주인이 쓰레기가 넘쳐나는 집에 사는 것을 싫어하지 않는 이상 금방 원래 상태로 돌아가게 된다.

쓰레기투성이인 상태밖에 경험한 적이 없어서겠지만, 설령 쓰레기가 없는 집에 들어간다고 해도 깨끗한 집이 편안해지기까지는 시간이 걸린다. 한동안 마음이 어수선하거나 가슴이 두근대기도 하고, 심지어 공포를 느끼기도 한다.

이런 과정은 지금 있는 익숙한 환경에서 새로운 환경으로 옮겨 가기 위해서 거쳐야 하는 통과의례다. 그래서 마음이 평온해지는 영역을 조금씩 넓혀가는 요령이 필요하다.

이제 불안이나 걱정, 공포 같은 감정에 사로잡히거나 일이 뜻대로 풀리지 않는 이유를 이해했는가?

진짜 이유는 우리의 방법이 틀려서가 아니라 감정의 근본 토대인 무의식이 평온하지 못하기 때문이다.

무의식이 평온하지 못한 이유는 무엇일까? 바로 에고의 소리에 휘둘리기 때문이다. 에고는 살기 위한 생존본능으로, 위험을 감지하면 뇌에서 강한 주의신호를 보낸다.

원시시대에는 맹수의 습격 등 인간을 위협하는 모든 위험으로부터 몸을 보호하기 위해 무리를 이루어 생활했다. 무리 안에서 가장 안전한 장소는 '중심'이다.

우리에게도 이러한 욕구가 있지 않은가. 사람들의 중심에 서고 싶다, 인기를 얻고 싶다, 무리를 이루고 싶다, 강해지고 싶다, 존경받고 싶다, 돈이 많았으면 좋겠다, 다른 사람보다 우위에 서고 싶다, 안전하게 지내고 싶다, 많은 사람에게 둘러싸여 살고 싶다, 성장하고 싶다, 잘나가고 싶다, 이성에게 인기가 많았으면 좋겠다, 현명해지고 싶다, 예뻐지고 싶다 등등. 이는 모두 자신을 보호하기 위한 욕구이자 누구나 갖고 있는 에고다.

또 좋거나 싫다고 느끼는 감정도, 벼랑처럼 높은 곳에 설 때 느끼는 공포심도, 모두 우리 몸을 지키기 위한 본능이며 에고가 있기에 길러올 수 있었던 감각이다.

에고가 없으면 우리는 살아갈 수 없다. 위험으로부터 안전해지기 위해서는 반드시 있어야 할 존재다.

하지만 에고가 폭주하게 되면 이야기는 달라진다. 자신을 지키는 데만 급급해 타인을 공격하거나 의심하고, 시기와 불안, 공포에 사로잡히는 등 인생이 갑자기 엉망진창이 되어버린다.

　지금까지 언급한 사례들도 모두 에고가 폭주한 탓에 잘 풀리지 않은 결과다. 많은 사람이 자신 안에 있는 에고의 존재를 알아차리지 못한 채 무의식적으로 그에 휘둘려 힘들어한다.

　나는 그래서 에고를 '근심과 걱정의 어머니'라고 부른다.

　'이대로라면 살아가기 힘들지 않을까?'

　'내가 원하는 대로 될 리 없어!'

　'다 내 탓이야.'

　'돈은 어떻게 해결하지?'

　'나는 왜 다른 사람들처럼 못하는 걸까?'

　'일을 쉬면 사람들이 뭐라 하겠지?'

　이런 생각들은 모두 당신 안에 있는 '에고 = 근심과 걱정의 어머니'가 내는 소리일 뿐이다. 근심과 걱정의 어머니는 에고의 주인인 당신이 지금까지 해보지 않은 일에 도전하거나 당신의 한계를 뛰어넘으려고 할 때일수록 큰 목소리를 낸다.

• 하와이에 가고 싶다. → 그런 꿈 같은 소리 하지 말고 현실을 좀 보라고!

• 이 옷 예쁘다. → 나이가 있는데 어울릴 리가 없잖아.

• 좀 더 내 방식대로 일하고 싶어. → 그렇게 했다가는 주위 사람들한테 한 소리 듣는다고.

이렇게 원하는 것이 생길 때마다 파리채로 파리 때려잡듯

희망을 짓밟는다.

현실에서도 누군가의 반대에 부딪히면 역시 무리였다며 포기해버리는 때가 있지 않은가. 바로 이때 당신 안에서는 어떤 반응이 일어난다. 그것이 바로 '부정적인 감정'이다.

부정적인 감정이 올라오면 평온한 마음으로 지낼 수 없다. 그런 탓에 부정적인 감정에 휩쓸리거나 반대로 없애려고 발버둥을 치기도 하고, 감정을 제대로 느낄 새도 없이 긍정적인 감정으로 전환하려고 애쓰거나 하려던 일을 포기해버리기도 한다.

이런 행동을 하게 되는 이유는 에고와 공생하는 법을 모르기 때문이다. 에고를 없애는 일은 불가능하지만, 우리 머릿속에서 울려 퍼지는 에고의 소리를 작게 만드는 일은 얼마든지 가능하다.

다음 장에서는 구체적인 '편안해지기 연습'에 들어가기에 앞서 에고의 소리를 작게 만들어 마음의 평온을 유지하는 방법에 관해 설명하도록 하겠다.

제2장

알고 나면
마음이 평온해지는 '의식'의 힘

앞장에서는 '무의식'에 관해 다루었다. 지금부터는 좀 더 깊이 들어가 '의식의 구조'에 관해 자세히 알아보도록 하자.

'의식'은 크게 두 가지로 나눌 수 있다.

하나는 '현재의식'으로, 다음 쪽 그림에서 해수면 위로 보이는 있는 부분을 말한다. 자각이 있으며 우리가 통제할 수 있는 의식으로 논리적인 사고, 이성, 지성, 의사, 결단력 등이 이에 해당한다.

사실 현재의식은 의식의 고작 5퍼센트를 차지하는 데 그

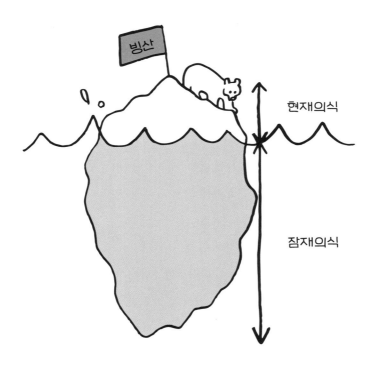

치며 나머지 95퍼센트는 '잠재의식'이라는 무의식 영역(그림에서 해수면 아래 잠겨 있는 부분)으로 알려져 있다.

슬프다, 기쁘다, 화가 난다 등의 감정은 순간적으로 나타나는 무의식의 반응이다. 이러한 감정이나 감각, 직감, 감성 등 '잠재의식'은 우리의 의지로는 조작할 수 없다. 또 일일이 생각하지 않아도 간단히 할 수 있는 일이나 습관도 모두 잠재의식에 의한 것이다.

우리 눈에 보이는 '현실'도 사실은 우리의 의지로 조작할 수 없는 잠재의식의 영향을 크게 받는다. 현실은 잠재의식에 각인된 과거의 기억, 경험, 가치관, 선입견, 신념이라는 필터를 통해 보이는 것들이다.

필터에는 긍정적인 것뿐 아니라 부정적인 것도 있다. 예를 들어, 부모에게 '너는 못난 놈이야'라는 말을 수도 없이 듣고 자란 사람은 '나는 못난 사람'이라는 필터로 현실을 본다. 반대로 '너는 어떤 일이 생기더라도 문제없을 거야'라는 말을 듣고 자란 사람은 '나는 끄떡없어'라는 필터로 현실을 보게 된다.

필터에는 어린 시절부터 반복해 들어온 말뿐 아니라 텔레비전과 같은 미디어를 통해 습득한 말과 여론도 포함된다.

즉 지금까지 자신이 보고 들어온 모든 것이 무의식중에 선입견이나 신념으로 굳어지고, 그 필터를 통해 현실을 보게 된다는 뜻이다.

설령 같은 장소에 있다고 해도 보이는 경치는 사람마다 다르고, 사는 세계도 저마다 다른 법이다. 보통은 알아차리지 못하지만 누구나 이러한 의식의 힘으로 살고 있다.

뒤집어 말하면 감정은 우리가 어떤 필터로 세상을 보는지 알려준다. 가령 항상 기분이 좋은 사람은 작은 일에도 기분이 좋아지는 필터를 갖고 있고, 쉽게 기분이 나빠지는 사람은 반대의 필터가 있다는 뜻이다.

우리는 의식하는 것을 보게 된다

사람과 의식의 관계에는 또 한 가지 재미있는 특징이 있다. 바로 사람은 의식하는 것을 보게 된다는 것이다.

누구나 한 번쯤 이런 경험이 있지 않은가? 늘 다니던 길이라도 배고픈 상태에서 걷다 보면 평소에는 있는지도 모르고 지나쳤던 식당이 눈에 띈다거나, 우연히 본 같은 숫자를 그날 하루에만 몇 번이나 마주치는 경험 말이다. 이런 현상은 그 당시 의식한 것이 자신의 시야에 들어왔다는 의미다.

당신이 늘 다니는 길에 어떤 꽃이 피어 있는지 말할 수 있는가?

아마도 평소에 꽃을 의식하고 있지 않았다면 답하기 어려울 것이다.

이처럼 의식하고 있지 않으면 실제 그곳에 존재하더라도 쉽게 눈에 들어오지 않는다.

잠재의식을 주제로 강좌를 열었을 때 있었던 일이다.

"오늘부터 한동안 '나비'를 보겠다고 마음을 정하고 지내 보세요."

수강생들에게 이런 과제를 내주었더니 다음 수업 시간에 다양한 답이 돌아왔다.

"그날부터 거의 매일 나비를 보게 되었어요."

"나비가 집 안으로 들어와서 한바탕 난리였어요!"

이는 '의식한 것을 보게 된다'라는 인간의 습성을 실험하기 위한 과제로, 우리가 눈으로 현실을 보는 것 같지만 실은 '뇌의 필터'를 통해 본다는 사실을 확인할 수 있다.

또한 프롤로그에서도 언급했듯이 사람은 무의식의 영역에서 하루에 약 6만 번 생각을 한다. 그중 8할 이상은 부정적인 생각이다. 말하자면, 당신이 'OO하게 되면 어떻게 하지?'

라며 금방 부정적으로 변한다거나 세상을 볼 때 나쁜 면만 눈에 띄는 것도 이런 맥락에서 보면 인간이기 때문에 일어나는 자연스러운 감정이라는 뜻이다. 그러므로 자신을 책망하거나 부정적인 생각이나 감정을 없애려고 무리하게 애쓸 필요는 없다.

하지만 무의식에 지배당한 채 사는 것과 보고 싶은 것을 의식하며 사는 것은 서로 완전히 다른 현실을 창조한다. 무의식에 내맡긴 채 늘 무언가에 반응해 부정적으로 변하는 일이 반복되면 쉽게 지치기 마련이다. 따라서 당신이 원하는 현실을 창조하고 싶다면 보고 싶은 현실을 의식하도록 의식 체계를 전환할 필요가 있다.

인간의 뇌는 살면서 익힌 습관이나 반복, 언어와 경험을 바탕으로 모든 위험으로부터 보호하기 위한 생존본능을 작동시킨다. 여기서 생존본능이란 제1장에서도 소개한 바 있는 에고를 말하며 앞에서 언급한 필터가 곧 에고를 가리킨다.

따라서 '나는 쓸모없는 인간'이라는 필터(에고)를 갖고 있으면 이를 증명하는 듯한 현실을 보게 되고, '나는 항상 부족한 사람'이라는 필터로 자신을 본다면 정말 그렇게 느껴지게 된다.

 부정적인 필터를 통해 세상을 보게 되면 늘 마음이 불안하고 몸에 힘이 들어가 있으므로 뇌가 긴장을 늦추지 못한다. 이런 상태에서는 아무리 문제를 해결하려고 애쓰고 원하는 것을 이루려 해도 고작 5퍼센트에 불과한 현재의식의 힘만 쓸 수밖에 없다.

 그런 관점에서 보면 일이 잘 풀리지 않는 것도 이해가 된다. 아무리 많은 꿈을 이뤄도 마음이 평온해지지 않는 이유는 부정적인 필터를 통해 세상을 보기 때문이다. 반대로 세상이 항상 자신에게 친절하다고 생각하고 자신의 가치를 믿는 사람은 어떨까. 모르긴 해도 이런 사람은 항상 '기분이 좋아지고 기쁨을 느끼며 즐거움을 주는 것'을 의식하고 있을 것이다.

 그럴 때는 긴장이 풀리면서 마음은 물론 몸도 평온해진다. 그러므로 자신의 힘뿐 아니라 의식의 95퍼센트를 차지하는 잠재의식의 힘을 내 편으로 만들 수 있다.

기억하길 바란다. 누구라도 언제든 자신이 무엇을 의식할 것인지 선택할 수 있다.

어째서 마음이 평온하면
원하는 것이 쉽게 이루어질까?

우리는 잠재의식의 힘을 이해했다. 지금부터 어째서 마음이 평온하면 원하는 것이 쉽게 이루어지는지 알아보겠다.

한 걸음 더 나아가 우리의 의식 95퍼센트를 차지하는 잠재의식이 나와 관련된 모든 사람과 깊이 연결되어 있다고 하면 당신은 깜짝 놀랄 것이다.

'내가 싫어하는 사람이나 멋지다고 생각하는 사람과도 잠재의식으로 이어져 있다고?'

잠재의식이 깊은 곳에서 서로 연결되어 있다는 이론을 분

석심리학에서는 '집합적 무의식collective unconscious'이라고 한다. 이를 제창한 사람은 스위스의 심리학자이자 정신의학자인 카를 구스타프 융Carl Gustav Jung으로, 그의 주장에 따르면 집합적 무의식은 시공을 초월하여 모든 인류에게서 공통으로 나타난다고 한다.

영성spirituality의 세계에서는 인류가 가진 집합적 무의식에 따라 동물은 물론 식물, 나아가 눈앞에 있는 컵과 자동차를 비롯한 모든 것이 서로 연결되어 있다고 말한다.

'원네스oneness'라는 말도 있다. '모두 하나로 연결되어 있다'라는 뜻이다. 길에서 나와 스쳐 지나간 사람이나 나를 화나게 만드는 주위 사람, 내가 동경하는 아이돌도 깊은 곳에서는 서로 연결되어 있다.

최근 몇 년 동안 만나지 않았던 지인이 문득 생각나서 '어떻게 지낼까?' 하고 궁금해하던 차에 갑자기 그 사람에게서 연락 온 적이 있을 것이다. 또 '슬슬 쌀을 사야겠다'고 생각하면 누군가 쌀을 보내주는 등 우연의 일치라고 생각되는 일이 일어나는 것도 집합적 무의식으로 모든 것이 연결되어 있기 때문이다.

즉 우리가 무언가를 상상하거나 바라는 것은 동시에 어딘가에서 현상으로 나타난다. 바꿔 말하면 현상이 존재하기 때문에 어떤 것을 상상하거나 바라는 것이라고도 생각할 수 있다.

집합적 무의식에 좋은 면만 있는 것은 아니다. 국가나 시대, 가족이나 직장, 주위 사람들이 당연시하므로 자신도 무의식적으로 받아들이는 경우도 많기 때문이다.

직장이나 커뮤니티에서 통용되는 암묵적인 룰이나 지역 사회의 관습 따위도 그렇다. 대다수가 당연시하는 것이 자신에게도 적용되어 무의식중에 같은 행동을 하도록 종용한다. 이처럼 우리는 집합적 무의식의 영향을 많이 받고 있다.

집합적 무의식의 영역을 더 확장하면 '초의식'이라는 영역이 등장한다. 초의식은 다른 말로 하이어 셀프higher self, 근원, 우주, 제로 포인트zero point, 공空이라고도 한다.

초의식은 '우리는 모두 하나로 연결되어 있다'라는 집합적 무의식의 근원이자 본질을 이루며 모든 사람 안에 존재한다.

초의식에는 불변하는 무한의 창조성과 조건 없는 사랑이 충만하며 그 안에 있는 것을 상상하는 것만으로 마음이 평온해진다. 예를 들자면 바다와 같은 사랑과 신뢰, 안심, 감사로 충만한 세계다.

이 이야기를 내가 운영하는 양성스쿨에서 했더니 어떤 수강생이 이런 말을 했다.

"일 때문에 굉장히 의기소침해 있을 때 미야자키 하야오 감독의 애니메이션 영화 〈벼랑 위의 포뇨〉에 나오는 포뇨의 엄마, 바다의 여신이 생각났어요. 그녀가 나를 감싸듯이 부드럽게 안아주는 것을 상상하면서 잠들었더니, 다음 날 아침에 기분이 굉장히 상쾌해지면서 기운이 나더라고요! 혹시 그게 초의식일까요?"

그렇다! 바로 이것이 초의식의 감각이다.

뒤이어 다른 수강생들도 앞다투어 자기 경험을 이야기했

고, 분위기는 점점 고조되었다.

"저는 한적한 시골의 풀밭에서 누워 있으면 평온한 느낌이 들어요!"

"저에게는 애니메이션 〈빅 히어로〉의 주인공인 '베이맥스'가 포뇨에 나오는 바다의 여신과 같은 존재예요!"

저마다 마음을 평온하게 해주는 존재나 장소가 있다. 그것을 상상하는 것만으로도 초의식은 아주 친밀하게 느껴진다.

여기서 한 가지 질문을 해보겠다.

당신이 느끼는 초의식은 어떤 것인가?

언제나 당신을 조건 없이 따뜻한 눈길로 봐주는 존재를 상상해보라.

예컨대 포뇨의 엄마, 베이맥스, 함께 있으면 마음이 편안한 친구, 하와이, 드넓은 초원 등이 있을 것이다.

이 과정은 앞으로 소개할 편안해지기 연습에서도 필요하다. 자신이 가장 마음의 평온을 느낄 수 있는 존재를 떠올려보자. 그리고 5분 동안 항상 그 존재의 보호를 받는 느낌을 상상해본다.

이것만으로 마음이 차분하고 편안해질 것이다.

에너지를 어디에 쏟느냐에 따라 현실이 달라진다

　의식 다음으로 중요한 것이 에너지다. 여기서는 바로 이 에너지에 관한 이야기를 다룬다.

　의식과 에너지의 관계를 쉽게 설명하자면, 의식을 집중한다는 것은 곧 에너지를 쏟는다는 것과 같다.

　가령 일요일 밤 9시에 텔레비전 6번 채널에서 하는 프로그램을 보고 싶다면 당신은 리모컨의 숫자 버튼 6을 누를 것이다. 그 시간에 6번 채널의 주파수를 선택했기 때문에 그 프로그램을 볼 수 있는 것이다.

　또 스마트폰으로 누군가와 이야기를 나누고 싶다면 자신이 가입한 통신사의 주파수를 이용해야 한다.

즐거움·기쁨·설렘·희망

마음이 평온하다

에너지: 가벼움, 플러스

불안·걱정·두려움·초조·부정

에너지: 제로 포인트

에너지: 무거움, 마이너스

사실은 인간도 주파수＝에너지를 가지고 있다. 직접 체감할 수는 없지만, 우리의 몸을 구성하는 최소단위인 소립자는 입자이면서 동시에 파동이라는 이중성을 갖는다. 따라서 인간도 물질이면서 에너지인 존재라고 할 수 있다.

이 세상에 존재하는 모든 물체는 소립자로 이루어져 있으므로 지구상의 모든 생물과 우리의 육체, 눈앞에 있는 책과 노트도 모두 에너지를 갖고 있다.

나의 주파수와 맞는 모든 것과 만난다고 생각하면 재미있지 않은가.

그렇다면 '나의 에너지가 끌어당겨 일어나는 모든 일이 미리 정해져 있는 것은 아닐까' 하는 의문이 생길 것이다. 나 또한 예전에는 우울할 때 '나의 에너지가 마이너스 상태라면 더더욱 부정적인 것을 끌어당기지 않을까' 하는 생각을 했다.

걱정하지 않아도 된다. 내 경험으로 보건대, 한두 번 침울해졌다고 해서 쉽게 부정적인 것을 끌어당기지는 않는다.

그런데도 아직 일어나지도 않은 일을 걱정하느라 부정적인 감정에 휩싸인다면 주의가 필요하다. 걱정하는 일의 이

미지와 감정이 명확할수록 현실로 나타나기 쉽기 때문이다.

부정적인 상태라면 먼저 마음을 평온하게 가라앉혀 마이너스 에너지를 제로화한 뒤, 플러스로 전환하기 쉬운 상태로 만들어야 한다.

의식적으로 그렇게 함으로써 기분을 좋게 만드는 일에 에너지를 쏟을 수 있다.

이쯤에서 나의 경험담을 하나 소개하겠다. 어떤 문제가 생겼을 때 오로지 문제를 해결하는 데만 에너지를 쏟아버린 사례로, 자칫 빠지기 쉬운 상황이다.

20대 초반의 나는 아토피 피부염으로 극심한 고통에 시달렸다. 지금은 언제 그랬냐는 듯이 건강해졌지만, 당시에는 이루 말할 수 없이 괴로웠다.

처음에는 한 곳에만 나타났던 습진이 어느새 온몸으로 퍼지고, 의사에게 처방받은 약을 발라도 금방 가려워졌다. 그럴 때마다 다시 샤워기로 몸을 씻어내며 가려움을 달래는 일이 쉼 없이 반복되었다. 하루하루가 가려움과의 전쟁이다 보니 애먼 사람에게 화풀이하는 건 물론이고 온종일 짜증이 나 있었다.

"내가 왜 이런 병에 걸려야 하는 거야!"

"전생에 나쁜 짓을 해서 벌을 받는 걸까?"

지금 생각하면 정말 면목 없고 죄송한데, 엄마에게도 저주에 가까운 말을 계속 내뱉었다. 엄마와 함께 병원을 몇 군데나 돌아다녔지만 증상은 여전했고 지푸라기라도 잡는 심정으로 아토피에 관한 책이라면 닥치는 대로 읽었다.

어떤 때는 엄마가 아토피 피부염을 완화한다는 자연요법 책에 나온 방법을 하나씩 시험해보기도 했다. 효과가 없기는 매한가지였고, 오히려 가려움이 더 심해지는 일도 있었다.

아토피 피부염을 앓아본 사람은 알 것이다.

하면 안 된다고 생각할수록 더 하게 된다는 사실 말이다.

'긁으면 안 돼, 긁으면 안 돼.'

긁지 않으려고 양손에 장갑을 끼고 자도 아침에 일어나보면 어느 틈에 벗겨져 있고, 몸은 상처투성이였다. 이부자리에 피가 묻어 있는 일은 일상다반사였다.

그러던 어느 날이었다. 짜증을 내는 나를 보다 못한 엄마가 말했다.

"이제 그만하자. 괜찮으니까 긁어도 돼."

"어? 뭐라고? 괜찮을 리가 없잖아!"

"아니야, 긁어도 괜찮아. 가렵잖니."

"뭐야. 그냥 나 몰라라 하겠다는 거야? 이제 나 같은 건 어떻게 돼도 상관없어?"

엄마에게 원망 섞인 말을 내뱉고 엉엉 울다가 문득 깨달았다.

'어라? 긁어도 괜찮다는 말을 들으니까 가렵지 않네?'

그리고 떨리는 몸을 진정시켜가며 혼잣말을 해보았다.

"긁어도 돼…."

그러자 신기하게도 전혀 가렵지 않았다!

그날부터 가려우면 긁어도 된다고, 스스로에게 선택권을 주었다.

그 후로도 좋은 일은 연이어 생겼다. 어느 날, 엄마가 구해 온 대나무 목초액을 꾸준히 사용했더니 가려움이 점점 가라앉는 것이 아닌가!

드디어 나에게 잘 맞는 치료제를 찾아낸 것이다. 깊은 어둠 속에 있던 내게 드디어 빛이 보이기 시작한 순간이었다. 1년 내내 가려움과 전쟁을 벌여야 했던 아토피 피부염은 스테로이드 약을 쓰지 않아도 환절기에만 잠깐 나타나는 정도로 잦아들었고, 몇 년 후에는 완전히 나았다!

아토피 피부염이라는 문제에 직면해있던 나는 줄곧 '아토피에서 벗어나려면 어떻게 해야 할까?'라는 생각만 했다. 하지만 엄마에게 '긁어도 괜찮다'라는 말을 들음으로써 그동안 해서는 안 된다고만 생각했던 나의 행동의 제약이 사라진 것이다. 의식이 '문제'에서 해방되어 쓸데없이 들어가 있던 힘이 몸에서 빠진 느낌이었다.

무엇에 에너지를 쏟을 것인가 하는 결정은 우리의 현실에 큰 영향을 미친다. 눈앞에 보이는 문제에만 의식을 집중하고 에너지를 쏟는다면 그 문제에 계속해서 생명을 불어넣는 것과 같다.

마음을 평온하게 하고 문제에 집중된 에너지를 일단 제로

화한 다음 차츰 긍정적인 방향으로 에너지를 쏟아가는 것이 중요하다.

원하는 것이 이루어졌을 때의 기분을 미리 느껴보자

여기까지 읽었다면 이제 이런 생각이 들 것이다.

'그럼 나는 무엇에 의식을 집중해야 할까?'

이때 당신의 '감정'에 주목하자.

감정은 인간이 살아가기 위해서 몸에 익힌 본능으로 잠재의식에 있으며, 인간의 뇌에서 가장 오래된 부위로 알려진 편도체가 담당한다. 편도체는 우리가 보거나 들은 것이 생존과 관련되어 있는지 재빠르게 판단한다.

즉 감정은 편도체가 내린 판단을 전달하는 중요한 메시지다.

편도체는 사람을 위험으로부터 지키는 것이 목적이므로 속도가 생명이다. 그래서 공포, 혐오, 분노, 슬픔, 낙담, 기쁨, 즐거움 등의 감정은 머리에서 생각하는 것보다 빨리 전달된다.

이들 감정은 당신이 무엇을 무의식중에 믿고 있는지, 어떤 필터(에고)를 갖고 있는지 보여준다. 가령 다른 사람들에게 보잘것없는 취급을 당한다거나 가볍게 여겨지면 몹시 불쾌하다고 느끼게 된다. 이는 감정이 제대로 반응한다는 뜻이다.

문제는 그 뒤의 대응이다. 불쾌한데도 '다 그런 거지, 뭐' 하며 감정을 흘려보낼 것인가, 아니면 '왜 그 상황을 불쾌하다고 느꼈을까?' 하고 의문을 품을 것인가에 따라 전혀 다른 상황이 전개된다.

여기서 자신의 반응에 의식을 집중하는 것이 중요하다.

'다 그런 거지, 뭐' 하며 감정을 흘려보내는 행동은 자신이 그런 취급을 받아도 된다고 허용하는 것과 다름없다. 그리고 불쾌한 기분을 느꼈다는 것은 그 감정의 이면에 당신이 원하는 것이 숨어 있다는 뜻이기도 하다.

예를 들면 이런 것이다.

'홀대받는 것 같아서 기분이 나빴어.'

'함부로 대하는 것 같다고 느꼈어.'

이런 기분을 느꼈다면 그 이면에는 당신을 친절히 대해줬으면 좋겠다는 바람이 숨어 있다는 뜻이다. 그러므로 불쾌한 기분을 느꼈다면 그 후에 다음과 같이 행동해야 한다.

① 그 감정의 이면에 자신이 원하는 것이 있음을 인정한다.

② 자동차 내비게이션에 목적지를 설정하듯 사람들이 당신을 친절히 대할 때 느끼는 감정을 의식한다.

다시 말해 내비게이션에 제대로 된 목적지를 설정하는 것이다. '친절히 대해줬으면 좋겠어'가 아니라 당신이 진짜로 이루고 싶은 목표인 '사람들이 당신을 친절히 대함으로써 느끼고 싶은 감정'을 설정하는 것이다.

사람들의 친절에 당신은 충만함과 기쁨, 마음의 평온을 느낄 것이다. 내비게이션에 목적지를 설정하는 것은 느끼고 싶은 감정을 '의식적으로 의식한다'라는 뜻이다. 어떤 감정을 느낄지 스스로 결정함으로써 실제로 '당신의 세계'에서 실현된다.

예를 들어 '돈 문제로 걱정하지 않았으면 좋겠다', '하와이

목적지

NAVI

설정!!

냐아옹~

친절한 대접을 받아서
마음이 평온한 나

에 가고 싶다' 같은 소망을 품었다고 가정해보자.

- 돈 문제로 걱정하지 않았으면 좋겠다. → 돈이 풍족한 나.
- 하와이에 가고 싶다. → 하와이에서 여유롭게 휴가를 즐기는 나!

이렇게 '소망'을 '이미 이루어진 상태'로 바꿔 내비게이션의 목적지로 설정하는 것이다.

그다음은 평온한 마음으로 드라이브를 즐기면 된다. 그러다 보면 전에는 알아차리지 못했던 '소망이 이루어진 상태'를 실현하기 위한 정보와 힌트를 얻는 일이 생기거나 새로운 아이디어가 떠오르기도 하고, 혹은 머지않아 원하는 것이 불쑥 현실로 나타나기도 한다.

이 또한 에너지와 깊은 관련이 있다. 목적지에 있는 에너지를 먼저 느껴봄으로써 소망을 실현하는 데 필요한 정보나 데이터가 손에 들어오는 것이다.

이때 '어떤 방식으로?'라는 의문을 품을 필요는 없다. 몸에서 쓸데없는 힘이 빠질수록 잠재의식은 강하게 발휘되므로 소망을 실현하는 데 필요한 정보는 당신이 쉽게 알아볼 수 있는 형태로 찾아올 것이다.

목적지의 에너지를 느낀 후에는 자연스럽게 떠오르는 생각에 따라 행동하기만 하면 된다. 주의해야 할 것은 행동하지 않고 막연히 기다리기만 해서는 안 된다는 점이다.

만약 번뜩이는 아이디어가 떠올라 '한번 해보자!'라는 생각이 들었다면 '우주에서 온 메시지'라고 믿어라. 그리고 스마트폰으로 검색해본다거나 다른 사람과 상담해보기도 하고 그와 관련된 장소를 직접 찾아가는 등 적극적으로 행동해야 한다.

처음에는 많은 시행착오를 겪게 될 것이다. 하지만 익숙해지면 어느 시점에 어떻게 행동해야 할지 자연스럽게 알게 된다. 내비게이션에 목적지를 설정했으므로 시행착오도 예상 범위 안에서 일어날 것이다. 목적지에 도착하는 것은 이미 확정되어 있다!

자신을 믿는 데 근거는 필요 없다

'정말 목적지에 도달할 수 있을까?'

'가는 도중에 문제가 생기지는 않을까?'

아무리 목적지에 도달할 예정이라 해도 그 과정에서 누구
나 불안해질 수 있다.

불안한 마음이 든다면 먼저 자신이 불안해하고 있다는 사
실을 인정한다. 불안이나 의심이 생기는데도 '그렇지 않아!'
라고 부정하며 감정에 뚜껑을 덮어버리는 것만큼 안타까운
일도 없다. 왜냐하면 불안이나 의심 같은 부정적인 감정은
당신이 무의식중에 무엇을 믿고 있는지 알려주는 신호이기

때문이다.

그 신호는 당신이 지금까지 믿어왔던 것에서 비롯된 불안과 의심이 무의식 단계에서 진짜 현실로 모습을 드러낸 것일지도 모른다. 하지만 '지금, 바로 이 순간'부터 의식하는 방법을 바꿔나감으로써 이 또한 완전히 달라질 것이다.

여기서 잠깐 나의 아들들에게 일어난 재미있는 일화를 소개한다.

우리 집 장남은 고등학교 1학년 무렵까지만 해도 공부라고는 도통 관심이 없는 아이였고, 시험을 보면 전교생 320명 중 300등 내외의 성적을 받아왔다.

"낙제만 안 해도 괜찮긴 한데, 조금만 서둘러서 입시 공부를 해보면 어떨까?"

내가 항상 아들에게 하는 말이었다.

그런 아들이 어느 날 갑자기 성적이 오르더니 반에서 상위권에 들게 되었다. 이를 이상히 여겨 아들에게 이유를 물었다.

그러자 아들에게서 이런 놀라운 대답이 돌아왔다.

"내가 천재였다는 사실이 생각났어."

"뭐? 너 어디 아픈 거 아니니?"

나도 모르게 웃음을 터뜨리며 묻자, 아들은 이런 이야기를 했다.

어느 날, 학교에서 평소처럼 성적표를 받았는데, 문득 '나는 천재가 분명한데 왜 항상 이런 성적밖에 못 받는 거지?'라는 의문이 들었다고 한다.

'이런 현실은 마음에 안 들어.'

그 일을 계기로 아들은 공부에 흥미를 갖게 되었고, 뜻밖에 공부하는 재미를 발견했다고 한다. 참고서를 깊이 파고들다 보니 어느 날 전교 10등 안에 들더라는 것이다. 나는 "왜 너를 천재라고 생각한 거야?" 하고 물었다.

"내가 나를 천재라고 생각하는 데 이유가 필요해?" 나는 깜짝 놀랐다. 아들은 자신을 천재라 여길 만한 근거도 전혀 없으면서 '나는 천재다'라고 의식하는 것만으로 성적을 올렸던 것이다.

그런가 하면 둘째 아들도 석 달 만에 12킬로그램이나 감량했는데, 이 아이 역시 형과 마찬가지로 흥미로운 의식 사용법을 실천하고 있었다.

어느 날, 거울에 비친 자기 모습을 보고 이런 생각이 들었다고 한다.

'뚱뚱한 내가 별로네. 날씬해지고 싶다! 그래, 살을 빼자!'

그때부터 둘째 아이는 거울을 볼 때마다 의식적으로 '오, 멋진데!'라고 생각하기로 했다고 한다.

그러는 동안 자신이 평소 먹는 양이 많다는 사실을 깨달았고, 그 후로는 기분이 딱 좋을 만큼만 먹었더니 점점 체중이 줄었다고 한다.

아이가 체중을 줄이기 위해 참고 견뎌야 할 것은 아무것도 없었다. 그저 거울을 볼 때마다 '오, 멋진데!'라고 했을 뿐이다. 그다음엔 몸에 생긴 작은 변화를 찾아내 '오, 살 빠졌네!'라고 생각하기를 반복했더니, 자연스럽게 행동도 달라져서 체중감량에 성공할 수 있었다는 것이다. 정말 재미있지 않은가?

아들들은 '의식의 힘'을 사용한 것이다. 주목할 만한 점은

믿고 싶은 대로 믿는 데 아무런 근거도 없었다는 것이다.

'나를 어떻게 생각할지는 내 자유다. 스스로 자신을 낮게 볼 필요가 어디에 있는가?'

자신감은 자신을 믿는 데서 나온다. 만일 어떤 조건이나 다른 사람들의 평가가 필요한 자신감이라면 매우 무너지기 쉽고 불안정하다. 조건이나 평가의 기준은 너무도 쉽게 변하기 때문이다.

자신을 믿는 데 조건이나 다른 사람의 평가는 필요 없다. 나의 아들들이 그랬던 것처럼 스스로를 믿기만 하면 현실은 바뀌기 마련이므로 근거 또한 필요 없다.

내비게이션에 목적지를 설정한 뒤 새로운 장소로 옮겨갈 때 우리를 시험하는 이런저런 일들이 일어난다.

예를 들어 다니는 직장을 그만두고 자신만의 방식으로 사업을 시작하려고 하면 주위 사람들의 반대를 받게 된다.

"그런 불안정한 일은 그만두는 게 나아."

"그런 일이 잘될 리 없어."

또 수입을 좀 올려보려 하면 오히려 수입이 줄어든다거나, '행복해질 거야!'라고 결심하자마자 건강이 나빠지기도 하고, 때로는 가까운 사람과 소원해지기도 한다.

이런 일이 생기는 이유는 당신이 '소망'에 의식을 집중함으로써 그 소망이 이루어지는 것을 방해하던 '무의식의 믿음'이 현실로 나타나기 때문이다.

- 하와이에 가고 싶다. → 하지만 돈이 없잖아.
- 이런 옷을 입으면 얼마나 좋을까. → 내 몸에는 무리야.
- 오늘은 푹 쉬고 싶다. → 다른 사람들한테 민폐 끼치니까 안 돼!

이렇듯 원하는 것이 생기면 동시에 그에 대한 저항이 나타난다.

이 또한 머릿속에서 울리는 에고의 소리 탓에 일어나는 현상이지만 대부분은 이 사실을 알아차리지 못한다. 그러다 보니 원하는 것을 선택하기보다 에고의 소리를 믿고 거의 반사적으로 포기해버린다.

에고는 머릿속에서만 아니라 일상에서 현실로 나타나기도 한다. 그래서 더욱 '안 돼', '무리야', '할 수 없어'라고 생각하게 되는 것이다.

하지만 기억해두자. '소망'은 언제나 '저항'을 동반한다.

지금까지 에고의 소리를 따르느라 자신의 소망을 외면하고 뚜껑을 덮어버리는 것도 모자라서 자물쇠까지 여러 개 채워두었던 사람이라면 소망을 품기조차 쉽지 않을 것이다.

하지만 '편안해지는 연습'을 거듭한다면 굳게 채워두었던 소망을 다시 꺼내어 하나씩 이뤄가는 일도 얼마든지 가능하다.

에고는 우리의 소망이 클수록 더 큰 목소리를 낸다. 그러다 보니 자신이 하는 일이 정말 맞는지 판단이 서지 않아 갈팡질팡하게 되고 주위의 판단과 말에 크게 반응하는 일도 생긴다.

무언가의 '다음 스텝'으로 옮겨갈 때 역시 많든 적든 이런 일과 맞닥뜨리게 된다. 새도 알을 깨고 세상에 나오기 위해서는 그 속에서 부리로 있는 힘껏 껍데기를 쪼아야 하지 않는가.

새로운 나로 살고 싶다고 바랄 때도 마찬가지다. 자신 안에 그 소망이 이루어지길 바라는 강한 마음이 있어야 껍데기를 깰 수 있는 것이다.

원하는 것을 이루는 과정에는 괴로움도 따른다. 인간의 아기도 산도를 통과해 세상에 나오기까지 엄청나게 고통스러운 과정을 거친다고 한다. 마찬가지로 세상 밖으로 나가려는 시도가 꽤 괴롭겠지만 일관된 마음이 당신을 새로운 무대로 데려갈 것이다.

반대에 부딪혀 현실에 문제가 발생하는 것도 하나의 과정이다. 마치 악몽 같은 일도 생길 테지만 그 문제를 끊임없이 의식하고 에너지를 쏟아서는 안 된다. 만약 자신이 오로지 문제만 바라보고 있다는 사실을 깨달았다면 제1장에서 이야기한 것처럼 "지켜보는 일은 그만두자!" 하고 외치고 의식을 전환하자.

의식을 전환했다면 이제 잠시 마음을 가라앉히자. 그런 다음 앞으로 어떻게 되고 싶은지, 어디에 안주하고 싶은지 의식적으로 인식한다.

게임에도 공략집이 있듯이, 원하는 바를 정확히 파악하기만 해도 당신은 틀림없이 이전보다 훨씬 마음이 차분해지고 당면한 문제를 이겨낼 수 있을 것이다.

그리고 역풍은 곧 '당신의 본심'을 알 수 있는 소중한 시간이기도 하다.

- 나는 무엇을 소중히 여기는가?
- 나는 지금까지 무엇을 신경 쓰느라 앞으로 나아가지 못했는가?
- 내가 소중히 여기는 것을 앞으로도 믿고 가고 싶은가?

저항이 느껴질 때 자신과 대화하는 시간을 갖는다면 당신은 곧 새로운 무대로 향할 것이다.

에고의 소리는
귀 기울여 들어줄수록 작아진다

'에고의 소리가 작아서 눈치채지 못하는 사람이 있을까?'

대답은 '그렇다'이다. 여러분 중에도 어쩌면 '에고의 소리'가 잘 들리지 않을 때가 있을 것이다. 예컨대 인간관계에 관해서는 큰 소리를 내는 에고가 돈에 관련해서는 거의 소리를 내지 않아서 별다른 저항을 느끼지 않는다든가, 연애 문제로는 자주 골머리를 앓지만 의식주와 관련해서는 크게 곤란한 일이 없기도 한다.

누구에게나 자신 있는 분야와 서툰 분야가 있는 것처럼 이 일을 할 때는 마음이 불편하더라도 저 일에서만큼은 평온해지기도 한다.

다시 한번 말하지만, 내 마음이 평온해지는 데는 아무런 근거가 없다.

'왠지 그냥 그럴 것 같아' 하는 느낌 정도만 온다. 예전의 나는 돈이나 일에 관해서라면 조금도 마음을 놓을 수 없는 사람이었다. 하지만 좀 더 편안해지고 싶다는 생각에 경제적으로 여유롭고 사업으로 성공한 지인들에게 다음과 같이 물어본 적이 있다.

"그렇게 큰돈을 버는 비결이 뭐죠?"

"어떻게 하면 당신처럼 고객을 늘릴 수 있나요?"

"그런 큰돈을 쓰고도 걱정하지 않는 이유는 뭔가요?"

그러자 의외의 대답이 돌아왔다.

"크게 신경 쓰지 않으니까요."

"'그러려니' 하니까요"

"'어떻게든 되겠지'라고 생각하니까요."

처음 그 말을 들었을 때는 정말 깜짝 놀랐다. 나는 그들이 간절히 바랐기 때문에 원하는 바를 이루었다고 생각했기 때문이다. 마치 허를 찔린 듯 허탈함이 몰려왔다.

동시에 그 허탈함이 매우 중요하다는 것을 깨달았다.

그도 그럴 것이 '한 달에 1,000만 엔을 버는 거야!', '고객을 1,000명 모집하는 거야!'라고 생각하기보다 '뭐, 항상 그 정도는 들어오니까'라고 생각하는 편이 훨씬 기분 좋지 않은가.

바로 이것이다. '쓸데없는 힘을 뺀 느낌' 말이다. 나는 이것을 목표로 삼아 연습해보기로 했다. 가만히 생각해보면 언제나 신용카드 결제일이 다가오거나 돈을 써야 할 때 마음이 불편해졌다. 그럴 때면 에고가 큰 목소리를 냈다.

'돈을 마련하지 못하면 어떡하지?'

'이걸 사면 여유 자금이 다 없어질지도 몰라.'

'어떻게든 돈을 벌어야 해.'

이런 생각을 무시하고 '아냐, 아냐. 다 괜찮을 거야' 하고 불안이나 초조함을 없애보기도 했지만, 불안은 마치 좀비처럼 되살아나 또 다른 순간에 고개를 내밀었다.

나는 방법을 바꾸기로 했다. 불안이나 초조함이 고개를 들 때마다 노트를 꺼내 "그래, 정말 걱정되겠다"라고 먼저 그 기분을 보듬어주었다.

가령 당신이 파트너에게 돈 문제를 상담했다고 치자. 상대방이 건성으로 응대하거나 말을 돌린다거나 혹은 '괜찮아지 겠지'라는 말로 당신의 이야기를 흘려듣는다면 어떤 기분이 들까?

왠지 내버려진 듯한 마음에 쓸쓸해질 것이다. 그럴 때면 좀 더 진지하게 당신의 말을 들어주길 바라는 마음에 몇 번이고 같은 이야기를 되풀이하거나 큰 목소리를 내게 된다.

그래서 나는 부정적인 감정이 올라오면 일단 나의 이야기를 들어주기로 했다. 그때 느낀 감정을 그대로 노트에 적은 뒤 '역시 그렇게 생각했구나' 하고 느끼는 것이다. 그러면 누군가 내 이야기를 들어주는 기분이 들어 마음이 평온해졌다.

그러고 나면 머리가 맑아지는데, 그때를 놓치지 않고 자신에게 질문을 던진다.

"무슨 말인지 알겠어. 그럼 이제 앞으로 어떻게 되었으면 좋겠어?"

이대로 돈 때문에 전전긍긍하며 불안한 마음으로 살 것인가, 아니면 돈 걱정 없이 지내는 인생을 살 것인가? 답은 이미 정해져 있다. 물론 후자다.

그리고 노트에 이렇게 적는다.

'돈 걱정 없이 살고 싶어!'

나는 불안하거나 부정적인 감정이 생길 때마다 이 작업을 해나가기로 했다. 그리고 그런 감정이 올라왔던 당시 현실이 아무리 (돈 때문에) 힘든 상황이라고 해도 내가 미래에 느끼고 싶은 감정(안심 혹은 평온함)을 먼저 떠올리려고 했다.

그러면 기다리기라도 한 듯 필요한 만큼의 돈이 들어오기도 했고 내가 바라는 상태가 실현되는 일이 하나둘 늘어갔다.

덕분에 지금은 '크게 신경 쓰지 않고' 그러려니 하며 '어떻게든 되겠지'라는 평온한 마음으로 살고 있다.

에고는 무시하면 무시할수록 큰 목소리를 낸다. 그래서 근심과 걱정의 어머니인 것이다.

"머리로는 이해하겠는데…"

강좌나 세션에 참석한 이들에게서 이런 말을 자주 듣는다. '이해'는 본디 머리로 하는 것이 아니라 실천을 통해 몸소 체험함으로써 가능해지는 것이다. 특히 지금까지 이야기해 온 것과 같은 일들은 더더욱 스스로 체험해보아야 실감할 수 있다.

나도 예전에는 눈에 보이는 것이 전부라고 믿고 살았던 사람이다. 그래서 보이는 것을 손에 넣는 것이 행복이라고 믿었다. 그렇게 보이는 것만 좇다 보니 온갖 벽에 부딪히고 번민하고 괴로워하고 만남과 헤어짐을 겪기도 했다. 그렇게 다양한 경험을 쌓아가는 동안 깨달았다.

행복이란 지금 가지고 있는 것을 얼마나 느낄 수 있는가라는 사실을.

그런 내가 지금 여기서 말할 수 있는 것은 스스로 간절히 원하는 것이 없었다면 이러한 과정은 탄생하지 않았다는 사실이다. 숱한 시행착오를 겪고 절망하면서도 포기하지 않을 만큼 간절히 원하던 미래였기에 눈에 보이지 않는 구조를 알게 되었고, 순수한 마음으로 배우고 실천해가면서 '자신의 변화'를 느낄 수 있었다.

그 체험 안에서 얻은 하나하나의 깨달음이 의식을 바꾸고, 행동을 바꾸고, 현실을 바꾼다. 이것이야말로 가장 큰 공부가 아니겠는가.

가령 누군가에게 맛있는 메밀국숫집에 관한 이야기를 들었다고 하자. 이야기만 들어서는 그 가게에 관해 알 수 있는 것이 한정적이다. 손수 가게를 방문해 국수를 먹어보고 맛을 체감해야 진짜 그 가게를 아는 것이다.

아, 행복해~

우리의 몸은 잠재의식과 밀접하게 연결되어 있다. 원하는 것을 이루기 위해 행동하기 두려운 이유는 무의식중에 잠재의식이 제동을 거는 일이 많기 때문이다.

또한 잠재의식으로부터 전달된 '멈춰!', '쉬어!'라는 지시 신호로도 몸에 통증이 생기거나 병에 걸리기도 한다. 그럴 때는 일단 자신 안에서 일어난 일에 귀 기울여보는 것이 좋다.

이 같은 경우에도 노트를 펼치고 감정과 마주하는 방법을 통해 서서히 개선해갈 수 있다. 초조해하지 말고 자신의 감정에 다가가 머리만이 아니라 몸으로 이해하고 공감해보자.

제3장

'편안해지기'를
시작해보자

자, 시작해보자.
마음 편안해지기 연습

드디어 편안해질 시간이 왔다!

제3장에서는 현실을 호전시키기 위한 중요한 토대를 만드는 방법을 소개한다. 이 장의 후반부에는 무의식중에 자주 빠지기 쉬운 상황별 실천 방법도 실려 있으므로 자신에게 맞는 방법을 선택해보자.

준비물은 간단하다. 노트와 펜만 있으면 된다!

노트와 펜이 없다면 스마트폰의 메모 기능을 활용해도 괜찮다.

편안해지기는 자주 반복할수록 효과적이다. 매일 정해진 시간에 할 필요는 없지만, 단 5분이라도 좋으니 답답함, 괴로움, 불쾌한 기분 등 부정적인 감정이 올라올 때마다 '내가 원하는 것, 정말 하고 싶은 것이 무엇인가' 스스로에게 질문해보자.

어떤 사람은 시작하자마자 바로 효과가 나타나기도 하고, 일주일에서 2~3주 계속하다 보니 마음이 평온해졌다고 말하는 사람도 있다.

익숙해질 때까지는 ① 감정 토해내기, ② 감정에 다가가기 가운데 ①만 반복한다. 이후 요령을 터득했다 싶으면 ①과 ②를 병행한다. 그러면 마음이 평온해지는 감각을 더 많이 느낄 수 있다.

그럼 바로 시작해보자!

분신 자신

자신과의 대화

=

감정과 마주하는 연습

부정적인 감정이 올라왔다면 ⇨ 감정 토해내기

부정적인 감정을 잘 다룰 줄 아는 사람은 드물다. 그래서 부정적인 감정에 휘둘리거나 배제하려 하고, 긍정적인 감정으로 전환하려고 애쓰는 것이다.

하지만 이런 방법으로는 쉽사리 기분이 나아지지도 않을 뿐더러 일시적으로 좋아진다고 해도 다시 불쾌한 기분으로 돌아가는 일이 반복된다.

부정적인 감정을 도저히 주체할 수 없을 때는 지금의 기분을 판단하려 하지 말자. 그보다는 감정을 고스란히 쏟아낼 수 있는 '공간'을 만들어보자. 이럴 때 노트가 필요하다.

"아, 열받아!"

"불안해서 못 살겠어."

"만약 ○○하게 되면 어쩌지."

이런 감정을 노트에 적음으로써 당신의 어떤 모습이든 스스로를 고스란히 드러낼 수 있는 안전한 장소를 만들어주는 것이다.

이 방법은 아무 이유 없이 마음이 괴롭거나 답답할 때, 혹은 특별한 일은 없지만 기분이 개운치 않을 때도 효과적이다.

"왜 이렇게 답답한 거야!"

"기분이 영 내키지 않아."

이런 마음을 일단 노트에 적어보자. 글로 쓰기만 해도 기분이 한결 나아질 것이다.

어떤 감정인지 알 수 없기에 이유 없이 답답해지는 것이다. 어쩌면 다른 사람을 지나치게 신경 쓰느라 자주 참았다든가, 혹은 타인에게 친절을 베푸느라 줄곧 나의 감정을 무시한 것이 답답함의 원인이 되었을 수도 있다.

답답함의 원인을 알기 위해서라도 내 안에 있는 부정적인 감정을 있는 그대로 몇 번이고 반복해서 노트에 적어보자.

어떤가? '감정 토해내기'로 부정적인 감정을 밖으로 꺼낼 수 있었는가?

처음에는 거부감이 느껴져서 '이런다고 무슨 소용이 있겠어?'라는 생각이 들 수도 있다. 혹은 '지나치게 신경 쓰는 게 아닐까?', '내가 틀렸을 수도 있잖아?'라며 자신을 탓할지도 모른다.

하지만 이는 앞서 소개한 빙산 그림에 비유하자면 그저 밀려오는 파도에 반응하는 것과 같다. 일단은 내 안에서 무슨 일이 일어나고 있는지 알기 위해서라도 충분히 감정을 표출해야 한다.

우리는 살면서 부정적인 감정을 드러내는 행동은 좋지 않은 것, 해서는 안 되는 것이라고 배워왔다. 이 때문에 초반에는 감정을 쉽게 드러내지 못하거나 '이런 내용을 써도 될까?' 하는 생각에 주저하기도 한다. 하지만 괜찮다. 노트는 그런 당신의 마음을 고스란히 받아주고 이야기를 들어주는 존재다.

'감정 토해내기'에 익숙해지면 '감정에 다가가기'를 병행한다

예를 들어보자. 몹시 기분 상하는 일이 생겼을 때 "그냥 신경 쓰지 마!"라는 말과 "정말 기분 나빴겠다"라며 공감해주는 말을 듣는다면 후자에서 훨씬 마음의 위안을 얻게 된다. 하지만 우리는 무의식적으로 전자를 선택하는 경우가 많다. 이는 자신뿐 아니라 주위에서도 그렇게 말하는 사람을 쉽게 찾아볼 수 있는 것만 보더라도 잘 알 수 있다.

공감받지 못한 부정적인 감정은 사라지지 않고 우리 내면에 고스란히 쌓여 남는다. 그러므로 어떤 감정이든 부정하지 말고 공감해주어야 한다. 이것이 바로 '감정에 다가가기'다.

누차 이야기하지만 가장 중요한 것은 내가 먼저 나의 감정을 알아주어야 한다는 점이다. 감정은 '그랬구나'라는 말로 공감해주기만 해도 상당히 평온해진다.

'울고 싶을 때는 울어도 돼.'

'화내고 싶으면 화내도 돼.'

'기분이 가라앉을 때는 마음껏 가라앉도록 내버려둬도 괜찮아.'

이런 식으로 노트를 나 자신을 받아주는 존재로 활용해보자.

그럼 이번에는 감정 토해내기와 감정에 다가가기를 연결해보자.

① 부정적인 감정을 있는 그대로 노트에 적는다.

② 감정을 쏟아내고 어느 정도 마음이 후련해지면 노트에

적은 말들에 '그래, 그랬구나', 'OO라고 생각했구나'라고 아무것도 부정하지 않고 들어주고 공감하며 수용한다.

예: 부정적인 감정 → 수용하기

- 오늘은 왠지 모르게 답답해. → 마음이 아주 답답했구나.
- 아, 짜증 나. → 짜증 나는 일이 있었구나.
- 좀 더 나를 신경 써줬으면 좋겠어. → 나를 더 신경 써주길 바랐구나.
- 기분 나빴어. → 기분이 정말 나빴구나.
- 이놈의 회사, 정말 때려치우고 싶다. → 회사를 때려치우고 싶다고 생각할 만큼 속상했구나.

감정을 토해내다 보면 '내 입에서 이런 더럽고 끔찍한 말이 나오다니', '이런 내 모습은 보고 싶지 않아'라는 생각이 들 수도 있다. 특히 평소에 부정적인 감정을 잘 드러내지 않던 사람이라면 자기 눈을 가리고 싶을 정도로 심한 말이 튀어나오기도 한다. 그러나 노트는 어떤 말이든 당신의 감정을 있는 그대로 받아준다. 의식적으로 초의식이 완전한 내

편이 되는 것이다.

그러니 아무 걱정하지 말고 감정을 쏟아내자. 초반에는 제
1장에서 언급한 것처럼 엄격한 '근심과 걱정의 어머니(에고)'
가 초의식보다 더 큰 소리를 낼 수도 있지만, 거듭할수록 초
의식은 우리 내면에서 점점 크게 자라난다.

그러니 좀 더 힘을 내자!

①과 ②를 통해 자신의 감정에 다가갈 수 있게 되었다면 이번에는 형태를 조금 바꿔서 노트에 쏟아낸 말들에서 자신이 원하는 것을 찾아내는 연습을 하자.

최근 들어 자신이 무엇을 원하는지 잘 모르겠다는 말을 자주 듣는다. 이는 원하는 것을 찾지 못하는 것이 아니라 싫은 것을 느끼는 일에 둔감해졌기 때문일지도 모른다.

소망은 부정적인 감정이 강할수록 더 잘 드러난다. 반대로 평상심이 지속될 때는 자신이 무엇을 원하는지 좀처럼 알기 어렵다.

나는 매달 초에 '이루고 싶은 바를 열 개씩 쓰기'를 오래 고

수해왔다. 지금은 시기에 구애받지 않고 감정이 변화할 때마다 '소망 찾아내기'를 실시해 내가 무엇을 원하는지 자문하는 시간을 갖는다.

한편 원하는 것을 찾아내려면 타이밍과 요령이 필요하다. 가령 다른 사람이 나를 소홀히 대하면 화가 치밀어오를 때가 있다. 이때 올라오는 울컥 하는 감정은 '나는 그런 취급을 받고 싶지 않아!'라고 하는 당신의 진짜 속마음이 표출된 것이다. 그 마음이야말로 당신이 진짜로 원하는 것이다.

하지만 막연히 원하기만 해서는 불충분하다. '그럼 어떻게 대해주길 바라는가'에 대한 답까지 끌어내야 한다. 예로 들어 설명하면 다음과 같다.

• 그런 취급을 받고 싶지 않아. → 그럼 어떻게 해주기를 바라는데? → 친절히 대해주면 좋겠어.

이 세 단계를 모두 완수해야 한다. 다만 이대로 끝내버리면 '친절히 대해주면 좋겠어'라고 바라고 있는 '상태'가 실현

된 것뿐이다. 앞에서 자동차 내비게이션의 목적지 설정을 예로 든 것처럼 최종 목표, 즉 '사람들이 친절히 대하는 나'가 되었을 때 느끼고 싶은 기분을 떠올린다. 다시 말해 목적지에 도달하기 위해서는 '감정'과 '기분'까지 구체적으로 상상한 뒤, 목적지에서 그 기분을 만끽하는 자신을 그려보는 기술이 필요하다.

그럼 바로 실천에 옮겨보자!

① 부정적인 감정을 있는 그대로 노트에 적는다.

② 감정을 쏟아내고 마음이 어느 정도 후련해지면 노트에 적은 말들에 아무것도 부정하지 않고 들어주고 공감하고 수용한다.

③ 마지막으로 ①부터 ③까지 순서대로 자신이 원하는 것을 찾아 나간다.

이번에는 ①부터 ③까지의 내용을 구체화해보자.

① 먼저 어떤 점이 싫었는지, 그리고 무엇을 원치 않는 빠짐없이 노트에 적는다.

- 홀대받아서 기분이 좋지 않았다.

- 직장에서의 인간관계가 힘들다.

- 온종일 몸이 나른하다.

- 돈이 없어 서럽다.

② 무엇을 원하는지 자신에게 묻는다(초의식).

- 나한테 좀 더 신경 써줬으면 좋겠다.

- 마음이 맞는 사람들과 함께하고 싶다.

- 몸이 편하고 개운했으면 좋겠다.

- 돈이 많았으면 좋겠다.

③ 자신에게 묻는 ②를 바탕으로 자신의 최종 목표를 적는다.

- 소중히 대접받는 나.

- 마음 맞는 사람들과 즐겁게 지내는 나.

- 건강한 나.

• 돈 걱정 없이 풍족하게 생활하는 나.

나는 돈이나 관계 때문에 곤란한 문제가 생기거나 일이 잘 풀리지 않을 때마다 이루고자 하는 것에 의식의 초점을 맞추고 마음을 평온하게 하는 일을 반복했다. 그러면 어느 순간 고민이 싹 해결된다거나 종종 생각지도 못한 데서 문제가 해결되기도 했다.

'겨우 이 정도 실천으로 문제가 해결된다고?'라고 생각할 수도 있다. 하지만 원하는 것이 이루어졌을 때의 구체적인 이미지와 감정을 미리 느낌으로써 원하는 것을 이루는 데 필요한 아이디어나 정보를 얻기도 하고, 때로는 원하는 것 자체가 이루어지기도 한다. 부정적인 감정이 고개를 든다면 '원하는 것을 이룰 기회가 왔다'라고 생각하고 이 책에서 소개하는 방법들을 실천해보기 바란다.

여기까지 편안해지기 기본 연습 세 가지를 소개했다. 어땠는가? 이것만으로도 일상에서 느끼는 기분이 자못 편안해졌을 것이다.

다음으로 의식을 전환해 현실을 변화시키는 '의식 전환하기'에 도전해보자.

이는 기본 연습의 응용편인데, 이 방법을 실천했던 많은 분들이 '인간관계에 굉장한 변화가 일어났다', '걱정하던 일이 해결되었다', '생각지 못한 곳에서 큰돈이 들어왔다' 등등의 소식을 전해주었다.

기본 연습에 익숙해졌다면 꼭 실천해보자. 자신이 무의식적으로 믿고 있는 바를 깨닫는 데도 도움이 될 것이다.

현실을 변화시키는 다섯 단계!
⇨ 의식 전환하기

'의식 전환하기'는 개인적으로 암울했던 현실을 바꾸는 데 크게 도움받은 방법이기도 하다. '부정적인 감정이 올라왔구나'라는 생각이 든다면 이 방법을 실천하기에 가장 좋은 타이밍이다.

원치 않았던 지금의 현실은 당신의 선입견이 만든 것이라는 사실을 유념하고 자신이 정말로 원하는 것에 의식을 집중한다. 지금 당신의 현실이 견디기 힘들 만큼 괴롭다면 꼭 시도해보라.

스텝 ❶ 부정적인 감정을 알아차린다

원치 않았던 현실과 작별하기 위해서는 부정적인 감정을 알아차리는 일이 가장 중요하다. 우울함, 답답함, 괴로움, 분노, 짜증, 슬픔, 불안, 걱정, 두려움, 초조함과 같은 부정적인 감정은 우리 내면에서 '나는 그것을 원하지 않는다'라는 신호로 내보내는 것이다.

부정적인 감정은 언뜻 외부에서 일어난 일에 대한 반응이라고 생각하기 쉽다. 하지만 '우리는 의식하는 것을 본다'라는 사실로 미루어보면 그 씨앗은 외부가 아니라 내면에 있음을 알 수 있다.

즉 무의식중에 의식하고 있는 것에 대해 '나는 이 현실을 바라지 않는다'라는 반응인 것이다.

많은 사람이 부정적인 감정을 몹시 싫어하다 보니 신호를 외면하거나 신호 자체를 어떻게든 없애려고 든다.

먼저 자신이 부정적인 감정을 외면하거나 없애려고 하지 않는지 생각해볼 필요가 있다. 원치 않았던 지금의 현실이 왜 일어났는지 객관적으로 살펴보기 위해서라도 일상에서 자신이 무엇에 반응할 때 부정적인 감정이 올라오는지 알아차리는 연습을 하는 것이 좋다.

앞장에서도 설명했듯이 부정적인 감정은 원하는 것을 이루기 위해 행동할 때 강하게 올라온다. 의식 위에 저항하는 힘이 강하게 나타나 에고의 소리가 발동하기 때문이다. 그래서 대부분 부정적인 감정이 올라오면 '나한테는 불가능한 일이 아닐까?', '내가 뭔가 잘못하고 있는 게 아닐까?'라고 생각해 시작했던 일을 그만두거나 체념하곤 한다.

하지만 이는 연습을 거듭하면서 반드시 뛰어넘어야 할 부분이다. 어떤 결정을 내리는 데 부정적인 감정에 지배당하는 일은 이제 멈추기로 하자.

이런 일을 방지하기 위해 명심해야 할 것은 다음 두 가지다.

• 어떤 상황에서든 먼저 '내 마음이 지금 부정적인 상태구나', '왠지 이런 부분에 저항을 느끼는구나' 하고 알아차릴 것.

- '아, 지금 내가 의기소침해졌구나', '화가 잔뜩 났구나' 하고 그 감정을 바라볼 것.

정말로 그저 가만히 감정을 들여다 봐야 한다. '고작 이런 일로 우울해지다니, 한심하군' 같은 판단을 자제하고 반기는 마음으로 바라보기만 하면 된다. 그러면 감정은 안정을 찾게 되어 있다.

이 두 가지가 가능해지면 연습이 쉬워지고 결과도 잘 나오게 된다. 느리더라도 상관없으니 천천히 시도해보자.

스텝 ❷ 부정적인 감정이나 생각을 아웃풋 한다

일상에서 부정적인 감정을 알아차렸다면 이번에는 자기 자신과 대화를 나눠보자.

부정적인 감정이 올라왔을 때 다음과 같은 질문을 자신에게 던지는 것이다.

'뭐가 그렇게 싫었어?'

'무엇 때문에 고민하는 거야?'

질문을 던진 다음에는 그에 대한 답을 노트에 아웃풋 해나간다.

- 그 사람이 위압적이라서 싫었다.
- SNS에 '좋아요' 수가 적어서 불안해졌다.
- 일을 그만두고 싶지만, 앞날을 생각하면 불안하다.
- 모아둔 돈이 점점 줄어서 초조하다.

자신과 대화를 나누기에 가장 좋은 타이밍은 부정적인 감정이 올라온 바로 그 시점이지만, 외부에 있다거나 업무 때문에 어려운 상황이라면 감정이 지나간 이후에라도 돌아보는 것이 좋다.

한편, 부정적인 감정이 올라올 때 심한 욕설이 나오는 일도 흔하다. 이에 대해서도 옳고 그름을 판단하지 말고 노트에 솔직히 쓰도록 한다.

노트는 당신을 조건 없이 받아주는 '초의식'이다.

당신의 기분이 후련해질 때까지 귀 기울여 이야기를 들어주는 존재다. 당신은 그저 안에 있는 부정적인 감정을 모두 쏟아내면 된다.

스텝 ❸ 부정적인 감정과 대화한다

부정적인 감정을 토해내고 요동치던 마음이 조금씩 가라앉으면 초의식의 시점에서 노트에 적은 말을 가만히 바라본다.

그리고 '뭐라고 하는 것 같아?', '앞으로 어떻게 될 것 같아?' 하고 자신에게 질문한다.

그런 다음, 마찬가지로 질문에 대한 답을 노트에 아웃풋해나간다.

- 나한테 문제가 있다고 나무라는 듯한 기분이 들었다.
- 내가 올린 게시물에 문제가 있다는 생각이 들었다.
- 지금 하는 일을 그만두면 더는 일할 곳이 없을 것 같은 기분이 들었다.
- 돈이 이대로 다 없어질 것 같은 생각이 들었다.

스텝 ❹ 원하는 것에 의식의 초점을 맞춘다

이 단계에서 기억해야 할 것은 '우리는 의식하는 것을 보게 된다'라는 사실이다.

부정적인 감정이 올라오는 이유는 당신이 노트에 적은 내용을 믿고 있기 때문이다. 그것이 당신의 무의식이 가지고 있는 선입견이다. 무의식적으로 이를 인식하고 있기 때문에 현실에서도 그렇게 보이는 것이다.

의식을 전환하기 위해서는 선입견부터 내려놓아야 한다.

'어쩌면 내가 믿은 것들이 진실이 아닐 수도 있어. 의식하는 것을 바꿔가다 보면 현실이 변할지도 몰라.'

이렇게 생각하는 것이다. 처음에는 잘되지 않겠지만 시작이 반이다.

그리고 앞으로도 스텝 ❸에서 쓴 선입견을 믿은 채 살고 싶은지, 아니면 평온한 현실을 믿고 싶은지 자신에게 물어본다.

'이대로는 싫다'라는 답이 나왔다면, 당신이 바라는 목표나 앞으로 바라는 현실을 노트에 적는다.

- 있는 그대로의 나를 받아들인다.

- 어떤 게시글을 올려도 상관없어! '좋아요' 수가 점점 늘 거야!

- 이 회사가 아니어도 굉장히 보람 있는 일을 할 수 있게 될 거야!

- 돈을 쓰더라도 점점 돈이 불어날 거야.

이때 '이런 건 무리겠지?', '이런 일은 있을 수 없어'와 같이 '제한'을 둘 필요는 없다.

그저 '무엇이든 될 수 있다면', '선택할 수 있다면 어떤 현실을 바라는지' 적는다.

스텝 ❺ 원하는 것이 이루어졌을 때 기분을 미리 느낀다

스텝 ❹에서 적은, 당신이 체험하고 싶은 현실이 실제로 이루어졌을 때의 기분을 지금 미리 느껴본다.

- 안심이 된다.
- 기쁨으로 가슴이 충만하다.
- 마음이 평온하다.
- 가슴이 설렌다.

무엇이든 좋다. 느끼는 바를 자유롭게 노트에 쓰면 된다.

만일 그 기분을 상상하기가 어렵다면 커피를 마시거나 따뜻한 욕조 물에 몸을 담가도 좋고, 당신이 가장 마음 편할 만한 장면을 떠올려도 괜찮다. 이때 느낀 기분을 기억해 미래

에 느낄 기분에 가까이 다가가면 된다.

우리 내면에는 무의식중에 굳어진 선입견이 몇 개쯤 있고, 삶의 다양한 장면에서 되풀이해 그 모습을 드러낸다.

그 무의식의 믿음이 점점 긍정적으로 바뀌어 의식한 일이 현실에 나타나도록 반복해서 연습해보자.

빠르면 다음 날, 늦으면 일주일 이내에 어떤 형태로든 현실로 나타날 것이다.

부정적인 감정에서 쉽게 벗어나지 못하는 사람도 꾸준히 하다 보면 자신이 원하는 방향으로 서서히 변화해갈 것이다. 의식적으로 해볼 것을 추천한다.

상황별 '의식 전환하기'에 도전해보자

부정적인 감정이 올라올 때는 새롭게 변화할 타이밍이기도 하다. 변화는 일견 불행한 얼굴을 하고 찾아오는 것처럼 보인다.

하지만 거기서 무엇을 깨닫고 어떤 행동을 취하느냐에 따라 현실은 놀라우리만치 흥미롭게 전개된다.

나는 '자, 지금부터야!' 하고 새롭게 시작하려는 차에 연달아 현실이 무너지는 경험을 했고, 영문도 모른 채 몹시 의기소침해 있었다.

하지만 그 일이 있고 얼마 지나지 않아서 마음의 평온을 찾고 바라던 일들을 하나하나 이루게 되었다. 부정적인 감정을 계기로 어디에 의식을 집중해야 할지 명확히 한 것이 전환점이 되었기 때문이다.

지금부터는 불안이나 걱정, 의심, 초조함, 자기 부정, 죄책감, 결핍 등 우리가 빠지기 쉬운 여러 가지 부정적인 감정 상태에서 의식을 어디에 어떻게 집중해야 현실이 호전되는지 구체적인 방법을 소개한다.

'할 수 있을까'라는 생각에 불안하다면
⇨ '자신감 높이기'

'만약 ○○하게 되면 어쩌지?'

아직 일어나지도 않은 일에 대해 지나치게 불안해하고 걱정하거나 의심하고 초조해할 때 우리는 쉽게 이런 생각에 빠진다. 자신의 미래나 자기 자신, 또는 타인을 믿지 못할 때도 마찬가지다.

그럴 때는 일단 잠시 멈춰 서는 것이 좋다. 불안정하고 부정적인 의식으로는 아무리 애써 고심해봐야 현재 상황을 바꾸기 어렵다.

예를 들어 레스토랑에서 자신이 주문한 미트소스 스파게티가 제대로 만들어져 나올까 걱정하는 사람은 없다.

또 집안이 넉넉한 사람은 마트에서 장을 볼 때 어지간한 일이 아니고서는 '이걸 살 수 있을까?' 하며 불안해하거나 여러 마트의 광고지를 꼼꼼히 살피며 가격을 비교하지 않는다. 가격을 신경 쓰지 않아도 여유롭기 때문이다. 그렇기 때문에 마음이 놓이고 평온한 상태를 유지할 수 있는 것이다.

우리가 평소에 느끼는 불안이나 걱정, 초조함은 '나는 이 현실을 신뢰할 수 없어!'라고 생각할 때 올라오는 감정이다. 부정적인 감정은 자신이 무의식중에 믿고 있는 것을 알려주는 신호이기도 하다.

안타깝게도 'OO하게 되면 어쩌지?'라는 상태라면 불안과 초조함은 끊임없이 올라온다. 따라서 먼저 자신이 어떤 의식 상태인지 정확히 알아야 한다.

지금부터 불안이나 걱정, 의심, 초조함과 같은 부정적인 감정이 올라올 때 당신이 무의식중에 무엇을 믿고 있었는지 알기 위한 편안해지기 연습을 소개한다.

자신감 불어넣기

① 구체적으로 무엇이 걱정되고 불안한지, 초조함의 원인은 무엇인지 노트에 자세히 적는다.

- 새로운 모임에 가서 사람들과 어울리지 못할까 걱정이다.
- 매달 나가는 대출금이 너무 큰 부담이다.
- 이대로 살면 결혼자금을 못 모을 것 같아 초조하다.
- 회사에서 좋은 성과를 내지 못할까 봐 불안하다.

② 불안한 생각을 노트에 쏟아내고 어느 정도 기분이 나아졌다면 '초의식'이 노트에 적은 말을 부정하지 않고 있는 그대로 수용한다.

'그랬구나, ○○했구나.'

'○○라고 생각했구나.'

- 그랬구나. '사람들과 어울리지 못할까' 하는 생각에 불안했구나.
- 대출을 잘 갚지 못할까 초조했구나.

- 좋은 성과를 내지 못할까 봐 많이 걱정스러웠구나.

③ 제한 없이 무엇이든 선택할 수 있다면 당신이 바라는 현실은 무엇인가(어떤 상태이기를 바라는가)?

- 늘 좋은 사람과 함께 어울려 지낸다.
- 대출금을 원래 생각했던 것보다 일찍 갚을 수 있다.
- 성과에 대해서는 마음을 놓을 수 있다.

④ 만약에 ③에서 적은 소망이 현실로 이루어진다면 당신은 지금 어떤 기분일까?

- 안심한다.
- 마음이 평온하다.
- 날아갈 듯 기분이 좋다.

⑤ 마지막으로 ④에 적은 기분을 일상에서 의식적으로 느껴보자.

'자신감 불어넣기'에서는 지금 당신의 현실을 생각할 필요 없다. ④에서 느낀 기분이 당신의 미래를 만드는 것이므로 의식적으로 기분을 전환해가는 것이 중요하다.

아마도 이 방법이 익숙해질 때까지는 몇 번이고 불안에 휩싸이고 초조해지는 일이 되풀이될 것이다. 부정적인 감정에 휩싸이더라도 의식적으로 이 과정을 반복한다.

그러다 보면 어느 순간부터 더는 불안이나 초조함을 느끼지 않고 다 괜찮을 거라고 생각하게 될 것이다. 또 생각지도 못한 형태로 하는 일이 순조롭게 풀린다든가 '다 잘될 거야'라는 자기 확신이 생긴다.

나 역시 쉽게 불안해하거나 걱정하는 타입이다. 특히 돈이나 내가 원하는 것에 대해서 부정적으로 반응하는 일이 많았는데, 그럴 때마다 이 방법을 사용했다. 그러면 다음 날 필요한 만큼의 자금이 들어오거나 원하는 것을 이루는 데 필요한 정보를 얻는 등 재미있게 느껴질 만큼 현실이 빠르게 변화해갔다.

'불안한 감정이 올라왔구나!' 하는 생각이 들면 '옳지, 잘됐어!'라는 마음가짐으로 임해보자.

'하지 않으면 안 돼'라는 생각에 쫓긴다면
➡ 부담감 내려놓기

'왠지 모르게 요즘 너무 피곤한 것 같아.'

'왜 저 사람은 도와서 일하지 않는 거지?'

'할 일이 잔뜩인데 뭔가에 쫓기듯 정신없이 하루가 지나가 버리네.'

이런 생각이 드는 이유는 무의식 아래에 '하지 않으면 안 된다'라는 믿음이 있기 때문이다. 또 당신 안에 선입견이 존재한다는 뜻으로, 필요 이상으로 많은 부담을 떠안고 있기 때문이기도 하다.

그럴 때 '내려놓기'를 추천한다.

아마 당신은 이렇게 생각할지도 모른다.

'하지 않아도 괜찮다니, 나 아니면 누가 그걸 할 수 있다는 거야?'

그에 대한 답은 직접 실행에 옮겨보면 명확히 보일 것이다.

부담감 내려놓기

① 먼저 당신이 무엇에 지쳤는지, 무엇 때문에 힘들었는지 노트에 적고, 그 마음을 토해낸다.

- 주어진 일이 많아서 버거웠다. 그에 합당한 급여를 받고 있다는 생각이 들지 않는다.
- 온종일 집안일을 하느라 힘들었다.
- 챙겨야 할 가족들 때문에 힘들었다.
- 업무상 인간관계로 지친다.

② 당신이 얼마나 지치고 힘들었는지 적었다면, 이번에는 '그랬구나, ○○했었구나', '○○라고 생각했구나' 하고 당신의 말을 부정하지 않고 있는 그대로 들어주듯이 수용한다.

- 아이들이 말을 듣지 않아서 많이 괴로웠구나.

- 온종일 집안일을 하느라 힘들었구나.

- 업무상 인간관계 때문에 많이 지쳤구나. 게다가 그에 합당한 급여를 받는다는 생각이 들지 않아서 더 힘들었구나.

③ 무엇이든 아무 제한 없이 선택할 수 있다면 당신은 어떤 현실을 경험하고 싶은가(당신은 어떤 상태이기를 바라는가)?

- 일을 빨리 끝내고 집으로 돌아가 편안히 쉬는 일상.

- 나 대신 집안일을 해주는 사람이 있어서 늘 깨끗하게 유지되는 집.

- 가족들 때문에 스트레스 받지 않는 하루.

- 무례하지 않고 매너 있게 소통하는 직장 분위기.

④ 앞서 적은 내용이 현실로 이루어진다면 당신은 지금 어떤 기분을 느낄까?

- 안심이 된다.

- 마음이 평온하다.
- 기분이 좋아서 날아갈 듯하다.

'하지 않으면 안 돼'라는 생각이 끊이지 않는다면 먼저 그 생각을 의식한다. 또는 '내가 하지 않아도 되는 일', '굳이 하지 않아도 되는 일'을 노트에 적고, 가족들과 상의해 새로운 방법을 시도해보는 것도 좋다.

처음에는 '하지 않는 것'에 대해 죄책감이 들기도 하겠지만 참고 또 참아야 한다. 일단은 '하지 않겠다'라고 마음을 정하고 느긋하게 지내보자.

한 고객은 이 방법으로 그동안 자신이 얼마나 집안일이나 육아를 완벽하게 해내야 한다는 생각에 사로잡혀 있었는지 깨닫고, 음식 배달 애플리케이션과 가사 대행 서비스를 이용해 의식적으로 편히 쉴 수 있는 시간을 만들었다고 한다.

아로마 숍을 창업하고 강박에 가까운 의무감에 쫓겨 하루도 쉬지 않고 가게 문을 열던 고객도 있었다. 그러다 '편안해지기'를 시작하게 되면서 한 달에 열흘만 일하고 방문 고객을 하루에 한 그룹으로 줄였는데 오히려 매상이 올랐다고 한다.

이때 중요한 것은 '하지 않으면 안 된다'라는 생각을 원동력으로 삼아 살아온 자신을 '하지 않아도 된다'라는 말로 용서해주는 것. 즉 에너지를 제로로 만든 다음 압박과 선입견을 내려놓고 새로운 원동력으로 에너지를 채워가는 것이다.

의식적으로 에너지를 전환하는 방법으로 현실도 평온하게 변화시킬 수 있다.

'어째서 이런 일이 생기는 거야'라는 생각이 든다면
⇒ 자책과 후회에서 벗어나기

'왜 저렇게 무례하게 구는 거지?'

'열심히 하는데 왜 노력한 만큼 보상받지 못하는 걸까?'

'왜 이런 일을 당해야 하지.'

이런 마음이 들 때는 특히 주의해야 한다. 자신과의 대화가 필요한 상황이다.

'그때 이렇게 했더라면 좋았을걸.'

'내 탓일지도 몰라.'

'내가 상대를 그렇게 대했으니까…'

이처럼 자신을 탓하는 말이 나오거나 과거의 일이 후회돼서 부정적인 감정이 올라올 때도 자신을 어떻게 생각하고 있는지 알 필요가 있다.

이런 경우에는 대부분 자신을 가볍게 보거나 무의식적으로 자신에게 잘못이 있다고 여기는 일이 많기 때문이다.

자신이 뿌린 씨앗은 결국 자신에게 돌아온다. 이 법칙은 '의식'에도 똑같이 적용된다. '나는 이 정도 가치밖에 없는 사람'이라고 생각하면 그에 걸맞은 대우를 받고, '나에게 잘못이 있다'라고 생각하면 마치 그에 대한 책임을 묻는 듯한 일이 생긴다.

즉 나에게 일어나는 모든 일은 나의 의식이 만들어낸 결과다.

만약 당신이 지금 체험하고 있는 현실을 바꾸고자 한다면 '나의 어떤 생각이 이런 현실을 만들어낸 것인가'를 알아야 한다. 원인을 알면 지금 체험하고 있는 현실을 자신의 힘으로 바꿀 수 있다. 그럼 바로 시작해보자.

긍정적으로 '나' 수용하기

① 부정적인 감정이 올라왔다면 먼저 무엇이 싫었는지 지

금 느끼는 기분을 그대로 노트에 적는다.

- 왜 그런 무례한 대접을 받아야 하지?
- 이렇게 열심히 하는데!
- 왜 그때 도와주지 못했을까?
- 그런 말은 하지 말았어야 했는데.

② 기분이 조금 나아졌다면 이번에는 노트에 적은 말을 그대로 따라 하듯이, 초의식이 아무것도 부정하지 않고 들어주듯이 수용한다.

'○○라고 생각했구나.'

'그랬구나. ○○했겠구나.'

- '왜 그런 무례한 대접을 받아야 하나'라는 생각이 들어서 불쾌했구나.
- 열심히 하는데 아무도 알아주지 않아서 속상했구나.
- 그때 왜 도와주지 못했을까 후회하는 마음이 들었구나.
- 그런 말을 했다는 것에 후회했구나.

③ 당신이 존재하는 것만으로 충분히 가치 있다고 한다면 어떤 기분이 들까? 또 당신이 노트에 적은 죄책감이 이미 모두 용서받았다고 한다면 어떤 기분이 들까?

- 믿을 수 없다.
- 마음이 싱숭생숭하다.
- 안심이 된다.
- 마음이 평온해진다.

어떤가? 아마 여러 가지로 복잡한 기분이 들 것이다.

이때 다시 한번 '우리는 의식하는 것을 보게 된다'라는 말을 떠올려보자. '무언가를 하지 않으면 나는 가치가 없다'라고 생각하면 가치 있는 사람이 되기 위해 끊임없이 무언가를 해야 한다. 또한 자신을 용서하지 않으면 용서받지 못하는 현실을 계속 보게 될 수밖에 없다.

반면 '나는 존재하는 것만으로도 가치가 있다'라고 생각하면 지금의 현실에서 얼마든지 평온하게 지낼 수 있으며 '잘못은 모두 용서받았다'라고 생각하면 용서받았다는 증거가 점점 눈에 보이게 된다.

의식을 바꾸면 당신이 보고 싶은 현실을 볼 수 있다는 사실이 중요하다. 그 선택권은 당신에게 있음을 잊지 말기 바란다.

만일 당신의 세계를 천국처럼 행복한 장소로 만들고 싶다면 부디 자신을 부드러운 눈길로 바라보라.

자신을 어떤 시선으로 볼 것인가. 그 시선이 당신의 현실을 바꾼다. 현실을 바꾸는 데 조건이나 자격은 필요 없다. 당신의 생각만 필요할 뿐이다.

마음이 헛헛하고 일상이 공허하다면
⇒ 일상에서 풍요로움 느끼기

아무리 원하는 바를 이루어도 마음이 헛헛하고, 여유로우면 안절부절못하고 초조해한다거나, 남들에게 인정받지 못하면 자신이 무가치하게 느껴질 때가 있다. 그럴 때는 생각보다 훨씬 결핍감에 의식의 초점이 맞춰져 있는 것이다.

우리의 의식은 무심결에 자신에게 부족한 것으로 치우치기 쉽다. 이는 모든 사람에게 공통으로 나타나는 '무의식의 버릇'이다.

하지만 이런 상태로 하루하루를 지낸다면 언제나 쫓기는 듯한 기분에 사로잡히거나 피로가 좀처럼 해소되지 않아서 괴로울 수밖에 없다. 게다가 원하는 것도 쉽게 이루어지지 않으며 무슨 일을 해도 순조롭게 풀리지 않는다.

따라서 지금부터는 답답하고 마음에 구멍이 뚫린 것처럼 뭘 해도 마음이 채워지지 않을 때 시도하면 좋을 편안해지기 방법을 소개한다. 수많은 고객으로부터 '하면 할수록 좋은 일이 많이 생긴다'라는 평가를 받을 만큼 굉장히 인기가 높은 방법이므로 꼭 도전해보기 바란다.

일상에서 풍요로움 느끼기

아침에 일어났을 때나 잠들기 전, 짬을 내 가까이 있는 물건에 의식의 초점을 맞추고 그것을 천천히 음미하듯이 의식적으로 느껴보자.

아침에 눈뜰 때라면 시트의 부드러운 감촉과 이불의 따스함을, 잠들기 전이라면 오늘 하루 동안 있었던 일을 떠올리고 천천히 느껴본다.

'응? 그게 다라고? 그렇게 사소하다고?'

이런 생각이 들지도 모르지만 반대로 '결핍 상태'일 때는

'그런 사소한 것조차' 우리는 느끼지 못한다.

지금 가까이 있는 것에 의식의 초점을 맞추고, 자신에게 그 사소한 것이 주는 풍요로움을 '느끼는' 시간을 허용하는 것. 그 소소한 시간이 일상의 기분을 바꿔줄 뿐 아니라 즐거운 일을 끌어당기고 계획한 일이 빠르게 이루어지도록 도와준다.

만일 알려준 방법대로 했는데도 좀처럼 기분이 나아지지 않는다면 '감정 토해내기'와 '감정에 다가가기'를 먼저 하고 나서 다시 한번 '일상에서 풍요로움 느끼기'에 도전해보는 것을 추천한다. 감정을 드러내는 일에 익숙해진 후라면 훨씬 효과를 높일 수 있다.

이 방법은 원하는 것을 이루고 싶은 사람에게도 효과적이므로 무엇을 해도 마음이 허전하고 일이 잘 풀리지 않는다고 생각된다면 눈앞에 있는 것을 천천히 음미하듯 느끼는 습관을 들여보자.

다른 사람이 부럽고 질투가 난다면
⇒ 내 안의 소망 허용하기

'좋겠다, 너무 부러워. 저 사람은 잘나가네. 그런데 나는….'
남과 자신을 비교하느라 이런 생각에 빠지는 일도 흔하다.

이런 질투심이 더 심해지면 순수하게 부럽다는 생각조차
할 수 없게 되거나 자신이 가진 것을 빼앗긴 듯한 기분에 사
로잡히기도 하고, 더 나아가 분노를 느끼기도 한다. 그리고
자신은 아무것도 가진 게 없는 것 같아 한없이 우울해지기
도 한다. 이 상태에까지 이르면 현실은 점점 나쁜 방향으로
흘러가게 된다.

'부럽다'라는 감정이나 거기서 비롯된 질투심은 사실 당신

이 원하고 있지만 좀처럼 이루어지지 않을 때나 그런 자신을 눈치채지 못할 때 나타나는 경우가 많다.

그 자세한 원인을 찾기 전에 먼저 편안해지기로 하자!

내 안의 소망 허용하기

① 당신이 부럽다고 생각하는 '사람'에게 느낀 기분을 노트에 적는다.

- 저 사람만 챙겨주다니 너무해!
- 예뻐서 좋겠다.
- 아, 왜 나는 바뀌지 않는 걸까.

② 어느 정도 감정을 쏟아내고 자신의 감정에 다가갔다면 그 사람의 어떤 면에 반응했는지 빠짐없이 적어보자.

- 사람들이 추켜세워 준다는 점.
- 호감 가는 인상이라는 점.
- 척척 성과를 내 발전하는 모습.

구체적으로 쓰다 보면 당신이 그 사람의 어떤 점에 반응했는지 명확해진다. 사실 우리는 자신 안에 있는 것에만 반응하게 되어 있다. 바꿔 말하면 자신 안에 없는 것에는 반응하지 않는다.

②번 항목에서 적은 내용은, 당신 안에 그것을 소망하는 마음이 있다는 뜻이다. 원하는 것을 포기하지 않았기 때문에 당신 안에서 반응이 일어나는 것이다.

당신은 그 소망을 제대로 의식하고 있는가?

부럽다고만 생각할 뿐 제대로 의식하지 못하고 있는 것은 아닌가?

그러므로 먼저 다음과 같이 자신의 소망을 솔직하게 인정하고 받아들인다.

'나도 사람들이 챙겨줬으면 좋겠어!'

'남들에게 호감형이면 좋겠어'

'척척 성과를 내서 변화하고 싶어!'

다음으로 할 일은 자신에게 그것을 원해도 된다고 말해주는 일이다.

'나도 그렇게 될 수 있어.'

'원하는 걸 바라도 괜찮아.'

소망을 인정하고 허용해주면 자신을 방해하던 내면의 제약이 사라진다. 그리고 그 소망은 현실로 나타나게 된다.

이는 질투의 대상에게도 마찬가지다. 자신의 재능이나 풍족함을 온전히 받아들이지 않으면 타인의 질투가 신경 쓰이게 된다.

이러한 경우에도 효과가 좋은 방법이다. ②번 항목에서 '상대가 당신의 어떤 점에 반응했다고 생각했는지' 적어보자.

노트에 적은 내용이 바로 당신이 받아들이지 않은, 당신의 멋진 면이다.

다른 사람에게 부러운 마음을 느낄 때야말로 당신이 원하는 것을 알아차릴 기회다.

부럽다는 감정이 올라왔다면 당신의 의식이 확장할 타이밍이다. 부디 질투와 부러움이라는 감정을 통해 당신의 소망을 알아차리기 바란다.

그리고 자신의 '부족한 면'은 물론 '좋은 면'도 더 적극적으

로 받아들이자. 우리 주위에는 여기에 도움이 되는 방법이
얼마든지 있다.

제4장

마음이 평온해지니,
이렇게 바뀌었다!

지금까지 '기초편'에 해당하는 '편안해지기'를 소개했다.

무의식중에 자신이 무엇을 믿고 의식하고 있었는지 깨달은 사람도 많을 것이다.

지금부터는 여러분과 같은 고민을 안고 나를 찾아왔던 분들이 실제로 편안해지기를 실천하면서 어떻게 변화했는지 그 사례를 소개한다.

비슷한 고민을 한 사람들의 생생한 체험담을 읽으면 편안해지기를 이해하는 데 큰 도움이 될 것이다.

하지 않아도 괜찮다는
사실을 깨닫자 세상이 아름다워졌다!
– 다른 사람의 도움을 구하지 못하고 혼자 애써온 Y 씨

아이를 키우는 전업주부 중에는 모든 일을 자신의 힘으로 해결해야만 한다고 생각하는 사람이 많다. 그래서 다른 사람의 도움을 빌리지 않고 오롯이 혼자 집안일과 육아를 감당하다가 어느 날 갑자기 번아웃이 찾아와 삶의 의욕을 잃어버리기도 한다.

Y 씨도 그중 한 사람이었다. 아이 친구 엄마들과 함께 시간을 보내도, 취미로 무언가를 배우러 다녀도, 심지어 집에서 시간을 보낼 때조차도 늘 마음이 편치 않았다. 게다가 주위 사람들은 모두 잘나가고 반짝반짝 빛나 보이는데 자신

은 한없이 초라한 것 같아 우울해지는 날이 많았고, 아이 돌보는 일이 힘에 부쳤지만 누구에게도 부탁할 수가 없었다고 한다.

당시에는 이루 말할 수 없이 피곤했고 '사람들과 만나는 게 귀찮다', '사라지고 싶다. 이제 어찌 되든 상관없다' 하는 생각이 마음 대부분을 차지했다고 한다.

Y 씨는 감정 토해내기(144쪽)와 감정에 다가가기(147쪽), 그리고 내려놓기(174쪽)를 시도했다. 때마침 응석이 심한 아이에게 시달리느라 너무 힘들어서 온통 부정적인 생각만 들 때였다. 그래서 처음에는 머릿속에 떠오르는 욕설을 그대로 노트에 적기 시작했다.

그리고 부정적인 생각이 들 때마다 '응석 부리지 마!', '투덜대지 좀 마!', '혼자 할 수 있잖아', '이런 생각이나 하는 나는 엄마 자격이 없어' 따위의 말들을 노트에 휘갈겨 썼다.

그러던 어느 날이었다. Y 씨는 문득 어린 시절에 부모님이 자신을 따뜻하게 안아준 적이 없다는 사실을 떠올렸다. 그리고 무의식중에 '나도 부모한테 사랑받은 적이 없는데 왜 나는 아이들에게 사랑을 줘야 하지?'라는 생각을 줄곧 해왔

음을 깨달았다고 한다.

'그렇구나. 나는 어린 시절부터 '응석 부리지 않기', '울지 않기', '투덜대지 않기', '아무 말도 하지 않기'를 다짐했던 거였어. 지금 마음이 편치 않은 이유는 이런 소리가 늘 머릿속에서 울려 퍼지고 있기 때문이야. 사실 나는 줄곧 외로웠던 거야.'

그 후로 Y 씨는 혼자 힘으로 해왔던 일들을 하나씩 내려놓았고, 힘들 때는 친구나 남편에게 도와달라고 말하는 연습을 하기 시작했다.

그러자 서서히 변화가 찾아왔다. 예전에는 모든 것을 혼자 해야 했는데 이제는 주위 사람 모두가 흔쾌히 도와주었고, 힘들 때는 남편에게 기댈 수 있게 되었다. 또 늘 고민이었던 아이를 향한 애정 표현도 예전만큼 힘들지 않다고 한다.

노트를 펼치고 감정과 마주함으로써 Y 씨는 자신이 외로웠다는 사실을 깨달을 수 있었고, '힘들 때는 주위 사람들에게 의지한다'라는, 자신에게 필요한 행동을 찾아냈던 것이다. 이제 그녀가 할 일은 실제로 주위 사람들의 도움을 받으면서 '하지 않아도 괜찮다'라고 자신을 용서함으로써 현실에 나타나는 변화를 지켜보는 일이다.

자신의 진짜 마음은 자신과 마주하는 시간으로 알 수 있다. 다른 사람에게 의지하지 않고 혼자 모든 걸 해결하려는 사람은 무의식적으로 '하지 않으면 안 돼 모드'에 빠지기 쉽다. Y 씨의 사례를 참고해 개선해나가도록 하자.

'초의식'이 내 편이라고 생각하니 인간관계가 두렵지 않다
– 직장 내 괴롭힘으로 힘들어하던 I 씨

'괴롭힘' 문제로 고민하는 사람도 많다. 회사원 I 씨가 그 중 하나였다.

I 씨는 매번 눈치를 주며 뒤에서 험담하거나 무시하고 비웃는 직장동료들 때문에 출근이 죽고 싶을 만큼 괴로웠다고 한다. 회사에 점점 가까워질수록 손발이 떨리는 증상이 나타나서 마음의 준비를 단단히 하지 않으면 출근하기 힘들 정도였다.

I 씨가 이런 문제를 해결하기 위해서 시도한 방법은 감정 토해내기(144쪽)와 감정에 다가가기(147쪽)다. 회사 사람들에

게 그동안 하고 싶었지만 꾹꾹 참아왔던 말들을 속이 후련해질 때까지 노트에 쓰기 시작했다.

'웃기지 말라 그래!', '까불지 마!', '뒤에서 수군대지 말고 나한테 직접 말하란 말이야!', '내가 뭐가 이상해!', '오히려 너희들이 이상하다고!'

노트에 감정을 토해내기 시작하자 스스로 놀랄 정도로 험한 욕설이 튀어나와서 눈물을 흘려가며 썼다고 한다.

그러고 나서는 '그래, 많이 괴로웠지', '그걸로 됐어. 속 시원해질 때까지 실컷 쏟아내' 하면서 감정에 다가가는 일을 반복했다.

얼마나 시간이 흘렀을까. 어느 날, I 씨는 평소처럼 노트를 펼치다가 직장에서 괴롭힘당하는 상황을 떠올렸다. 그런데 어찌 된 일인지 그날은 예전처럼 한없이 약한 자신이 아니라 매우 크고 강한 자기 모습이 나타났다고 한다.

또 실제로 직장에서도 동료들의 괴롭힘이 눈에 띄게 줄었다. 줄곧 거슬리던 동료들의 태도도 점차 신경 쓰지 않게 되었고 언제부터인가 모두 그녀에게 친절하게 대하기 시작했다고 한다.

현실은 절대 바뀌지 않는다고 생각해왔던 I 씨의 내면이 변화하자 자신을 둘러싼 환경 또한 바뀌었다는 사실에 굉장히 놀랐다. 자신 안에 있는 초의식의 존재를 알아차리면서 상황을 호전시킬 수 있었던 것이다.

잘해야 한다는
부담감을 내려놓자 일이 즐거워졌다!
– 무시당하기 싫다는 생각에 사로잡혀 있던 S 씨

주위에는 불만이 있어도 쉽게 회사를 옮기지 못하는 사람
도 많다.

패스트푸드점에서 10년 이상 근무한 S 씨도 마찬가지였
다. 일을 시작한 지 얼마 되지 않았을 때는 긍정적으로 열심
히 하다 보면 다 잘될 거라고 생각했다. 이 때문에 실력을 중
시하는 직장에서 열심히 일하는 만큼 성과를 냈고, 주위의
칭찬을 받으며 순조로운 직장생활을 했다.

하지만 그런 그녀에게 위기가 찾아왔다. 항상 자신에게 호
의적이었던 상사가 그만두면서 근무 환경이 완전히 바뀐 것
이다.

후임 상사는 예전 상사와는 완전히 다른 평가를 내렸고, S 씨는 돌연 '일 못하는 사람'으로 전락했다. 이 때문에 스트레스는 날로 심해지고 자신이 한심하게 느껴져서 이루 말할 수 없이 괴로웠다고 한다.

그런 시기에 '편안해지기'를 알게 되었고, 마음이 전혀 평온하지 못하다는 사실을 깨달았다. 자신을 더 소중하게 여기고 싶다는 데 생각이 이르자, S 씨는 근무 시간을 조정하고 출근 일수를 줄였다.

하지만 가끔 출근하는 회사에는 자신이 있을 자리가 없었다. 능력을 발휘할 수 없다는 답답함과 일 못하는 사람 취급을 받는 것에 대한 분노만 느낄 뿐이었다.

그녀는 점점 그런 자신을 용서할 수 없었고 출근 일수를 줄인 것을 후회하게 되었다. 그녀 안에서는 자신을 소중히 여기고 싶은 마음과 직장을 쉰 것에 대한 후회가 번갈아 나타났고, 앞으로 어떻게 하면 좋을지 알 수 없게 되었다고 한다.

그녀에게 의식 전환하기(158쪽)를 권했다. 일 때문에 올라오는 부정적인 감정들을 노트에 쏟아내고, 감정에 어떤 선입견이 숨어 있는지 찾아내는 과정이었다.

그녀의 노트에는 깜짝 놀랄 정도로 엄청난 양의 부정적인 감정들이 나열되어 있었다.

'무시당하는 기분이야', '나만 빼고 모두 즐거워 보여', '차가운 분위기', '더는 상처받고 싶지 않아', '무서워. 이제 지긋지긋해', '얕보지 말라고!', '나는 일 못하는 사람이 아니야!', '깔보지 말란 말이야!', '나만 무리에 끼지 못하고 있어', '또 상처받을 거야', '날 가볍게 보고 있어', '여기에 내가 있을 곳은 없어.'

하지만 이 과정을 부단히 반복하다 보니, 문득 '분노의 가장 큰 원인이 애초에 내 안에 있었던 것이 아닐까?'라는 의심이 들더라는 것이다. 그리고 주위에서 인정받았을 때도 자신은 긍정적인 자세로 일했다고 생각했지만, 사실은 사람들에게 무시당하기 싫어서 그냥 애쓴 것뿐일지도 모른다는 생각이 들었다고 한다.

그 후 S 씨는 좀 더 업무가 단순하면서 근무 형식이 자유로운 회사를 찾기로 결심했고, 드디어 조건에 맞는 곳으로 옮겼다. 새 직장에 와서야 자신에게 맞는 업무 프로세스와 회사 분위기가 따로 있다는 것을 몸소 깨닫게 되었다고 한다.

덕분에 굉장히 편하게 일할 수 있고 지금 하는 일에 감사하는 마음이 든다고 한다.

또 전에는 '일 잘하는 사람이 되고 싶다'라고 노트에 적었다고 한다. 이 덕분에 자신이 줄곧 그런 생각에 빠져 있었다는 사실도 깨닫게 되었다고 한다. 일을 못하더라도, 실패하더라도, 자신을 탓하지 않고도 행복을 느낄 수 있는 일이 있음을 알게 된 것이 S 씨에게는 무엇보다 가장 값진 성과였다.

비뚤게 보거나 의기소침해지는 일은 있지만 '부족한 나라도 괜찮다'라고 생각하게 됨으로써 지금의 행복을 느낄 수 있게 된 것이다.

나를 긍정적으로 받아들이게 되었다
– 콤플렉스로 괴로워하던 N 씨

콤플렉스로 힘들어하는 사람도 많다. 옆에서 보기에는 '왜 그런 것을 신경 쓸까' 할 정도로 대수롭지 않아 보이는 일이라도 본인에게는 큰 문제일 수 있다.

N 씨도 오랫동안 그런 고민을 해온 사람이다. N 씨의 콤플렉스는 자기 뜻대로 목소리가 나오지 않는 것이었다.

학교 수업 도중 교사의 지시에 따라 책을 읽으려다가 뜻대로 목소리가 나오지 않아 반 친구들의 웃음을 샀고, 그 사건이 트라우마를 남겼다고 한다. 그 이후로는 사람들 앞에서 이야기하거나 회사에서 발표할 때마다 목소리가 제대로 나올지 너무 걱정되어서 온몸의 핏기가 가시는 느낌이 들었다.

N 씨가 시도한 방법은 자신감 높이기(169쪽)이다. 목소리가 나오지 않을까 봐 불안하거나 걱정될 때마다 그 기분을 노트에 적은 뒤 어떤 판단도 하지 않고 그저 가만히 자신의 불안한 마음을 알아주는 일을 반복했다.

일할 때는 노트를 거의 사용하지 않기 때문에 스마트폰의 메모 기능을 활용했고, 머릿속으로 초의식이 이야기를 들어주듯이 수용하는 방법으로 진행했다.

'이번에도 목소리가 나오지 않으면 어떻게 하지?', '창피해', '말하고 싶지 않아. 또 망신당하는 거 아닐까?'

N 씨는 불안한 마음이 커질 때마다 '또 목소리가 나오지 않을까 봐 걱정했구나', '창피하다고 생각했구나', '또 망신당하면 어쩌나 싶어서 불안했구나' 같은 말로 자신의 마음에 공감해주었다.

불안한 마음은 조금씩 자연스럽게 긍정적인 방향으로 바뀌어갔다.

'괜찮아. 목소리는 문제없이 나올 거야', '누군가 웃더라도 나는 절대 동요하지 않을 거야!', '하기 싫으면 하지 않아도

돼', '잘하지 못해도 괜찮아. 넌 혼자가 아니야. 내가 함께 있으니까 안심해!'

편안해지기 연습을 반복하는 동안 불안할 때마다 느껴졌던 온몸에서 핏기가 가시는 느낌이 서서히 사라졌고, 사람들 앞에서 이야기하는 것이 예전보다 훨씬 편해졌다고 한다.

그러던 어느 날이었다. 오랜만에 새로운 환경에서 사람들에게 자기소개를 하게 된 N 씨에게 다시 불안이 고개를 들었다. 하지만 예전처럼 외면하지 않고 '많이 불안하구나' 하면서 자신의 감정에 다가가는 것은 물론, 스스로 '나는 어떤 현실을 체험하고 싶은가?'라는 질문을 던졌다. 그랬더니 '전혀 문제없었어' 하며 안도하는 자신의 모습이 머릿속에 떠올랐다고 한다.

그리고 실패해도 괜찮다고 스스로 다독이고 있을 때 전화벨이 울리더니 '내일 모임이 취소되었으니 자기소개 시간은 없습니다'라는 연락이 왔다고 한다. N 씨는 "정말 '살았다'라는 생각이 들더라고요" 하며 웃어 보였다.

콤플렉스를 극복하려고 애쓸 필요는 없다. '있어도 상관 없어'라는 마음으로 인정하고 받아들이면 차츰 신경 쓰이지 않게 되거나 억지로 이겨낼 필요는 없다고 생각하게 된다.

사람을 사귀는 데는 돈이 드는 법이다. 돈을 벌고 있지만 아직 사회초년생이거나 본가가 지방에 있어 회사 근처에서 자취하는 경우라면 이미 나가는 비용이 많을 터, 그러면 사람들과 만나는 데 드는 돈을 부담스럽게 느낄 수밖에 없다.

H 씨도 예전에는 이것이 큰 고민이었다고 한다. 하루는 친구들에게 호텔 레스토랑에 함께 점심을 먹으러 가자는 제의를 받았다. 하지만 SNS에 올라온 호텔 레스토랑의 런치 메뉴 가격을 살펴보니 무려 5천 엔(한화 약 5만 원)이었다.

'어쩌지. 이번 달은 좀 빠듯한데… 점심 한 끼에 그런 큰돈을 쓸 수는 없잖아.'

'안 간다고 하기에는 돈이 없는 것처럼 보여서 창피한데.'

H 씨는 생각 끝에 거짓 핑계를 대고 거절했다고 한다.

그런 자신을 어떻게든 바꾸고 싶었던 H 씨가 시도한 것은 자신감 높이기(169쪽)였다. 비슷한 상황에서 부정적인 감정이 올라올 때 느낀 기분을 그대로 노트에 쓴 다음, 자신에게 이런 질문을 해보기로 했다.

'어떤 선택을 하더라도 문제가 생기지 않는다면 나는 무엇을 하고 싶어 할까?'

얼마 뒤, 비슷한 제의를 받고 또다시 부정적으로 변해 있음을 깨달은 H 씨는 노트를 펼치고 자신의 기분을 생각나는 대로 쓰기 시작했다.

'또 왔구나, 이 느낌. 친구들은 왜 하필 돈이 없을 때만 가자고 하는 거야!'

'아, 가고 싶어도 갈 수가 없어.'

'돈 쓰기가 무서워! 무서워 죽겠어!'

여기까지 쓰던 그녀는 문득 이런 생각이 들었다고 한다.

'아, 사실 나는 가고 싶은 거였구나!'

'마음도 두근두근 설레. 가고 싶어!'

그뿐 아니라 '나를 위해 쓰다 보면 돈이 금방 바닥날 거야'
라는 근거 없는 선입견이 있었다는 사실도 깨닫게 되었다.

'어쩌면 돈은 그렇게 줄어들지 않을지도 몰라!'

'아니야. 오히려 나를 위해 쓴다면 더 좋은 일이 생길 수도
있어!'

이런 생각에 다다른 그녀는 결국 친구들과 함께 점심을
먹으러 갔다. 그 자리에서 이런 말을 들었다고 한다.

"생일 축하해. 이미 지나긴 했지만, 오늘 점심은 널 위한
선물이야."

그날 친구들이 점심을 사주어서 생각지도 않게 즐거운 시
간을 보낼 수 있었다.

H 씨는 이 일을 계기로 그동안 자신을 위해 쇼핑할 때도
'가능한 한 저렴한 걸 사자'라는 데 의식의 초점이 맞춰져 있

었다는 사실도 깨닫게 되었다. 그래서 금액에 신경 쓰지 않고 자신이 원하는 것에 돈을 쓰는 연습도 했다.

그러자 신기하게도 부모님이 용돈을 주시는가 하면, 사이드 프로젝트로 가욋돈이 생기는 일, 또 예상치 못했던 장소에서 자금이 들어오는 일이 종종 일어났다. 지금은 예전과 다르게 돈을 쓰는 데 불안해하기보다 '사도 괜찮다'라고 생각하는 일이 많아졌다고 한다.

H 씨는 무엇보다 노트와 마주함으로써 자기 내면에 있던 선입견을 알게 된 것이 매우 흥미로웠다고 한다.

노트와 마주하고 마음의 평온을 의식하지 않았다면 결코 깨달을 수 없었을 일이다. 이처럼 자신이 무엇을 믿느냐에 따라 우리의 현실에는 마법처럼 놀라운 변화가 찾아온다.

'살아만 있어 줘'라는 생각이 아이를 변화시켰다
– 자녀의 등교 거부 때문에 불안에 빠졌던 M 씨

마지막으로, 자녀가 등교를 거부해 걱정이 컸던 M 씨의 사례를 소개한다.

학교에 가기 싫다는 아들 때문에 M 씨의 불안은 날이 갈수록 커졌다고 한다.

'학교에서 무슨 일이 있었던 게 아닐까?'

'혹시 친구들한테 따돌림이라도 당하는 거 아냐?'

'이대로 아이가 망가지면 어쩌지.'

온갖 불안을 떨치기 위해 M 씨는 자기 수용하기(181쪽)에 임했다. 먼저 아들에 대한 불안이나 걱정되는 마음을 노트에 적게 했다.

'이대로 계속 집에 틀어박혀 지내면 어떻게 하지?', '이 아이를 영원히 돌보는 건 무리야. 이대로라면 아이는 외톨이가 되고 말 거야', '도망치지 마! 약해! 약해 빠졌다고! 그렇게 해서는 험한 세상을 살아갈 수 없어!', '자업자득이야. 하지만 우리 애가 그렇게 나쁘기만 한 걸까?', '왜 아무도 도와주지 않는 거야.'

노트에는 매일매일 몇 페이지에 걸쳐 불안한 마음과 아들을 원망하는 마음과의 싸움이 이어졌다.

"이대로 두어도 괜찮을까? 저 녀석, 도망치기만 하잖아!"

남편의 이 말이 마치 자신의 양육방식을 탓하는 듯해서 더더욱 기분이 가라앉았다. M 씨는 그래도 아랑곳하지 않고 노트에 자신의 감정을 쏟아내고 이것들을 있는 그대로 수용하는 일을 계속해나갔다.

그러다 보니 마음이 차분해지고 노트를 마주할 때마다 평온해지는 시간이 늘었다고 한다.

어느 날, M 씨는 아들에게 품고 있는 감정이 사실은 오랫동안 줄곧 자신을 향해온 말이었음을 깨달았다.

'사람이 무섭고 어울리지 못하는 나', '자신이 없고 자기 탓만 하는 나', '무슨 일이 생기면 바로 도망치기만 하던 나.'

즉 외면해왔던 자신의 모습이 아들을 통해 드러난 것이다.

M 씨는 아들의 모습을 있는 그대로 받아들이는 일이 곧 그동안 부정해온 자신을 받아들이는 일이라 여기고, 안에서 나오는 모든 감정을 '그렇게 생각했구나. 그렇게 생각해도 괜찮아'라며 긍정하기로 했다.

한번은 M 씨에게 이런 질문을 했다.

"아드님이 어떻게 되면 행복할 것 같아요?"

그러자 M 씨는 솔직하게 대답했다.

"아들이 살아만 있어주면 돼요. 그거면 충분해요."

그리고 자기가 한 말에 깜짝 놀란 표정을 지었다. 이번 일을 계기로 마음을 다잡게 된 M 씨는 아들에게도 이런 말이 자연스럽게 나왔다고 한다.

"학교는 잠시 쉬어도 돼. 가지 않아도 괜찮아."

남편도 M 씨의 '괜찮다'는 말에 아들을 믿어보기로 마음을 정했다고 한다.

그 이후로 M 씨는 아들이 어떤 모습을 보이든, 어떤 상황에서든 마음의 평온을 의식하려고 노력했다.

어느 날, 학교에서 아들의 등교 문제에 관해 앞으로 어떻게 할 생각인지 묻는 전화가 걸려 왔다. 전화를 받은 아들이 "힘들면 보건실에 가도 괜찮을까요?"라고 말하는 것을 듣고 M 씨는 뛸 듯이 기뻤다고 한다.

얼마 후 M 씨의 아들은 차차 시간을 들여 학교에 가기 시작했고, 반 친구들과도 잘 어울리게 되었을 뿐 아니라 여자 친구까지 생겼다.

중학교 출석 일수가 아슬아슬해서 우려했던 고등학교 시험도 무사히 통과해서 지금은 매일 즐겁게 지내고 있다고 한다.

'아들이 살아만 있어주면 된다'라는 생각에 이르기까지의 과정은 두 사람 모두에게 더없이 소중한 시간이었을 것이다.

제5장

Q&A
이런 것도 해결이 되나요?

'나만 힘들다고 생각했는데, 다들 마찬가지였구나.'

'이럴 땐 이렇게 하면 되는구나.'

'오늘부터 나도 조금씩 해봐야겠다.'

제4장에서 소개한 다양한 사례를 읽고 이런 생각을 하지 않았는가?

제5장에서는 그동안 많이 받았던 질문 15개를 선정해 Q&A 형식으로 소개한다. 언제든 궁금한 점이 생길 때 참고 하면 많은 도움이 될 것이다.

'왜 이런 일도 못 하는 걸까?'

'나는 왜 늘 이 모양일까?'

자책하는 버릇이 있는 사람은 자신을 상처 입히는 소리가 머릿속에서 끊이지 않는다.

'이런 생각을 하다니 난 정말 구제 불능이야.'

'이런 걸 신경 쓰는 걸 보니 머리가 어떻게 됐나 봐.'

이렇게 계속 같은 생각만 하면서 자신을 탓한다.

앞서 설명했듯이 지금까지 우리가 자세히 살펴주지 않았던 부정적인 감정과 마주하면 자신을 탓하는 소리가 꼬리에 꼬리를 물고 나오는 경우가 있다.

그러나 이는 부정적인 감정과 마주하면서 나오기 시작한 것이 아니라 지금껏 알아차리지 못했을 뿐 줄곧 우리 머릿속에 있던 소리다.

먼저 이 점을 깨달았다는 것은 마음이 평온해지기 위해 첫걸음을 내딛었다는 사실을 인정하자. 그리고 자책하는 당신을 너그러이 용서해주길 바란다.

왜 자책할까?

바로 스스로를 지키기 위해서다. 당신 안의 '에고'가 위험으로부터 당신을 보호하기 위해 신호를 보내오는 것이다. 당신이 상처 입지 않도록, 슬퍼하지 않도록 방어하기 위한 것일 수도 있다. 당신이 안전해지려면 가장 이상적인 상태이거나 완벽해져야 한다고 믿기 때문인지도 모른다.

하지만 이제 당신은 무의식 안에 존재하는 '에고의 소리'를 알아차리기 시작했다.

그러므로 먼저 지금까지 누차 이야기했듯이 노트를 펴고

가슴이 후련해질 때까지 자신을 탓하는 말들을 모두 꺼내보자. 그 마음을 어루만져주듯이 'OO라고 생각했구나. 굉장히 힘들었겠구나. 많이 괴로웠지?'라고 말을 걸어보자. 지금까지 힘들게 애써온 자신을 있는 힘껏 안아주자.

자, 다시 당신에게 '인생의 선택권'이 주어졌다.

당신은 지금까지 해온 것처럼 자책하는 삶을 이어갈 수도 있다. 하지만 바로 이 순간부터 의식의 초점에 따라 삶이 마법처럼 변한다면 자신에게 어떤 말을 해주고 싶은가?

만약 지금 자리에서 평온하게 살아가고 싶다면 의식적으로 마음이 평온해지는 말을 들려주자. 처음에는 자책하는 목소리가 더 크게 들릴지도 모른다. 그래도 상관없이 자신이 듣고 싶은 말을 의식적으로 선택해 들려주는 것이다.

에고의 소리를 향해 '지금까지 지켜줘서 고마워. 하지만 이제 괜찮아'라고 말해주자.

이 과정을 반복하면 자책의 목소리는 점점 작아지다가 어느 순간 들리지 않게 된다. 그 증거로 숨쉬기 힘들 만큼 답답했던 마음이 차츰 가라앉고 온몸에 들어가 있던 힘이 풀리는 것을 느낄 수 있을 것이다.

서두를 필요는 없다.

자신과의 화해는 시간을 들여 천천히 해나가면 된다.

일하는 중이거나 이동하는 중에는 바로 노트에 감정을 적기 어렵다는 사람도 있다. 물론 그럴 수 있다.

"아, 열받아! 저 잠깐 노트에 메모 좀 하고 올게요!"

이런 말을 하고 밖으로 나간다면 얼마나 이상한 사람으로 취급을 받겠는가.

그럴 때는 스마트폰의 메모 기능이나 근처에 있는 종이 혹은 영수증에 메모해두었다가 혼자 있을 때 꺼내어 다시 읽어보면 된다. 만약 이마저도 허락되지 않는 상황이라면 나중에 시간이 날 때 당시의 기억을 떠올려 적는 것도 괜찮다.

노트에 쓰는 것 자체가 목적이 아니라 자기와의 대화를 통해 감정에 다가가는 시간을 확보하는 것이 중요하다는 사실을 잊지 말자. 이 방법이 익숙해지면 노트가 없어도 머릿속으로 스스로 자신의 편이 되어 원하는 것에 의식을 집중할 수 있다.

하지만 익숙해지기 전까지는 반드시 노트를 사용해 자신의 무의식을 알아차려 보자.

Q3. 괜한 시비를 걸어오는
사람이 많아서 마음이 평온할 틈이 없어요

"자꾸 누군가 시비를 걸어와요."

이 말은 나는 마음이 평온해지고 싶은데 주변에 공연히 내게 화를 내는 사람이 많다는 뜻이다.

다른 사람이 당신에게 공연히 화를 낼 때 당신 안에서는 어떤 말이 나오는가?

먼저 그 말들을 노트에 적어보자.

다른 사람이 자신에게 화를 낸다거나 기분을 상하게 하는 근본 원인을 자세히 들여다보면 사실은 자기 내면의 소리가 에고에서 기인한 경우가 많다.

가령 상대방이 이유 없이 당신에게 화를 내는 경우가 자주 있는 사람은 평소 화를 참거나 화내는 것은 나쁘다고 믿고 있는 경우가 많다. 당신 안에서 에고의 소리가 '드러내도 좋은 감정'과 '드러내서는 안 되는 감정(부정적인 감정)'을 가려내고 있는 것이다.

상대방이 당신의 기분을 상하게 하는 경우도 마찬가지다. 스스로를 소홀히 여기거나 자기감정을 외면할 때 당신 안에 억눌려 있던 에고의 소리가 마치 '잘 보란 말이야!'라고 하듯이 타인을 이용해 드러내는 것이다.

이런 현상은 당신이 자신을 더욱 소중히 여기려 할수록 확연히 드러날 수도 있다. 그러므로 눈여겨보아야 할 것은 타인이 아니라 '타인의 말과 행동으로 인해 당신 안에서 올라오는 감정'이다.

먼저 있는 그대로의 감정을 노트에 쏟아내고, '그렇게 생각했구나' 하면서 수용해간다. 감정을 알아차리고 이해해줌으로써 그 감정을 승화할 수 있다. 그러면 타인으로 인해 불편한 감정을 느끼는 일도 점차 줄어갈 것이다.

　다른 사람의 화를 받아 기분 좋은 사람은 없다. 그러므로 스스로 자신의 가장 든든한 아군이 되어야 한다. 자신을 그런 장소에 세우지 말자. 그러면 이런 경험은 '당신의 세계'에서 자취를 감출 것이다.

"하시는 말씀이 뭔지는 알겠어요. 하지만 정말 간절히 원하는 것일수록 이루어지지 않는 것 같아요."

이런 상담을 해오는 사람들도 많다.

나에게도 이사나 책 출판처럼 좀처럼 이루어지지 않는 소망이 있었다. 혹은 기회가 왔지만 현실로 이루어내지 못했던 경우도 있다.

경험에서 미루어보면 간절한 소망일수록 마음이 무거워져서 이루기까지 상당한 시간이 걸린다. 원하는 것에 실린 에너지가 가벼울수록 이루어지는 시기도 빨라진다.

편안해지기 연습으로 의식을 전환하면 '딸기가 먹고 싶다'

라고 생각하면 금방 딸기가 손에 들어오고, 주차장에서 '차를 편한 장소에 세우고 싶다'라고 생각하면 원하는 자리가 비는 것처럼 가벼운 소망은 금방 이루어진다.

이는 그 소망을 이루었을 때 저항 에너지가 나오지 않기 때문이다.

한편 좀처럼 이루어지지 않는 소망은 실현하려면 많은 노력이 필요하므로 쉽게 이루기 어렵다고 생각하는 경우가 많다. 혹은 바라는 것조차 가당치 않다고 생각하기도 한다. 처음부터 '내가 그런 일을 실현하는 건 무리야'라고 단정 짓는 경우다.

이러한 소망은 설레는 마음보다 부정적인 감정이 먼저 강하게 나올 때가 많다. 머릿속에서 에고의 소리가 발동해 부정적인 감정이 되어 있기 때문이다.

그렇다고 해서 그 소망이 이루어지지 않는 것은 아니다. 작은 소망을 이루어가면서 점차 큰 소망도 끌어당길 수 있다.

처음부터 갑자기 큰 소망에 도전하는 것이 아니라, 저항 에너지를 최소화하면서 한 단계 한 단계 실현 가능성을 높이는 방법이라면 어려운 꿈도 이룰 수 있을 것이다.

또 한 가지 일러두고 싶은 것이 있다. **좀처럼 이루어지지 않는 소망은 이루어지지 않는 편이 좋을 때도 있다는 점이다.**

예전에 한 고객이, 짝사랑하는 남성과 사귀고 싶어서 숱한 시행착오와 온갖 노력을 기울인 적이 있다. 하지만 그 남성과는 끝내 사귀지 못했다. 본인은 매우 침울해했지만, 나는 오히려 '앞으로 좋은 일이 이루어질 징조겠구나'라고 생각했다.

아니나 다를까. 그 후에 만난 남성과 서로 마음이 맞아 바로 결혼에 골인했다. 행복한 가정을 꾸린 그녀가 나중에 나에게 이런 말을 해왔다.

"그때 짝사랑 남한테 차여서 정말 다행이에요."

바로 그것이다. 당시에는 이해하지 못했지만, 시간이 지나 되돌아보니 모든 일은 완벽한 흐름으로 전개되었던 것이다. 하지만 이 또한 그녀가 미련이 남지 않을 만큼 최선을 다했기 때문에 가능했던 일이다.

되고 싶고 바라는 마음이 있다면 어중간하게 소망할 것이 아니라, 먼저 자신이 그 마음과 진지하게 마주하고 실현하기 위해 힘닿는 데까지 모든 노력을 쏟아부어야 한다.

Q5. 하고 싶은 것, 좋아하는 것이 무엇인지 잘 모르겠어요

원하는 것이 쉽게 떠오르지 않는 데는 두 가지 원인이 있다.

첫 번째는 머릿속이 에고의 소리로 가득 차 있기 때문이다.

'○○하지 않으면 안 돼', '이건 이렇게 해야 돼', '이건 무리야!', '할 수 없어!', '안 돼!', '나 따위가.'

이런 말들이 무의식중에 머릿속에서 항상 울려 퍼지고 있다면 말 그대로 제약투성이라 원하는 것도 쉽게 나오지 않는다.

이런 상태에서는 자신 안의 '소망 선택지'가 적어지므로 고르는 일마저도 불가능해질 수 있다.

두 번째는 처음부터 감정이 움직이지 않기 때문이다.

매일 아무 자극도 없이 집과 회사만 왕복하며 무언가에 쫓기듯 하루를 보낸다면 감정도 쉽게 움직이지 않는다. 현실이 좀처럼 나아지지 않는다거나 현상 유지만 되는 경우도 처음부터 감정이 움직이지 않아서일 때가 많다.

감정이 움직이지 않으면 마음에 귀 기울일 일도 없으니 자신이 정말로 원하는 것을 알아차리기란 쉽지 않다.

또는 'OO하고 싶다'라는 소망이 지나치게 큰 경우에도 그럴 수 있다. 이때는 원하는 것에 의식을 집중하기 전에 먼저 머릿속에 어떤 말이 가득 차 있는지 알아야 한다.

자신과의 대화가 표면적인 이야기에 그친다면 원하는 것에 이르기 어렵다. 충분히 자신과 마주하고 깊이 대화함으로써 자신을 알 필요가 있다.

소망은 자신을 풍요롭게 하기 위한 '길잡이'로 그 첫걸음은 아주 작은 것에서부터 시작된다. '쉬고 싶다', '자고 싶다', '느긋해지고 싶다'라는 작은 소망조차 이루지 못했는데, 1억을 벌겠다느니, 세계 일주를 하겠다느니 하는 거창한 소망을 이루는 것은 무리다. 모든 일에는 단계가 있기 마련이다.

무시하기 쉬운 일상의 작은 소망일수록 큰 소망과 연결된다. 차곡차곡 하나씩 이뤄가면서 소망의 크기를 키우자.

감정이 움직이지 않는 사람은 감동을 느끼는 일도 적다. 어쩌면 너무 바빠서 감동을 느끼지 못한다든가 가슴보다 머리로 처리해버리는 것일 수도 있다. 어느 쪽이든 지금부터는 느긋하게 쉴 수 있는 시간을 만들어보자.

'그런 데 쓸 시간은 없다'라고 생각한다면 우선순위를 바꿔보자.

바쁠 망忙 자는 마음 심心과 없을 망亡이 조합된 한자인데, 마음 없이는 좋은 파동을 만들어낼 수 없다는 의미다. 5분이라도 괜찮다. 자신을 위해 커피를 내리고 느긋하게 음미할수 있는 시간을 허락해주자. 그것만으로도 당신의 내면에 무언가가 스며들어 퍼질 것이다.

노트를 펼치고 감정을 마주하려 해도 좀처럼 욕설이 나오지 않는다는 사람도 있다.

그런 사람들에게는 이런 말을 해주고 싶다. '욕설을 쏟아내는 것이 목적이 아니다.' 진짜 목적은 자신의 감정을 솔직하게 드러낼 장소를 만드는 데 있다.

한 여성이 노트에 욕설을 적기가 어렵다고 상담해온 적이 있다. 언뜻 사람 좋아 보이는 인상에 더없이 순수했지만, 왠지 모르게 매우 지친 얼굴이었다.

나는 그녀에게 노트는 누구에게도 보여줄 필요가 없다고,

노트 앞에서 솔직해지는 일은 자신을 용서하는 일과 연결된다고 이야기해주었다. 그녀는 다시 노트를 적어나갔다.

얼마 뒤, 그녀가 자신이 노트에 쓴 내용을 보여주었다. 거기에는 그녀가 썼다고는 생각할 수 없을 정도로 험한 말들이 산더미처럼 나열되어 있었다.

"계속 적어보니 어떻던가요?"

한동안은 노트에 자신의 꿈이나 목표를 많이 썼고, 왜 욕설을 적으라는지 영문을 알 수 없었노라고 했다.

그래도 알려준 대로 심하게 우울한 날의 기분을 노트에 있는 그대로 적었다고 한다. 그랬더니 눈을 가리고 싶을 만큼 험한 말이 끊임없이 튀어나오더라는 것이다.

그날을 계기로 자신 안에 있던 부정적인 감정과 생각을 모두 쏟아냈고, 기분이 날아갈 듯 가벼워졌다고 한다. 그래서 그녀는 '그동안 이렇게나 많은 부정적인 생각을 담아두고 있었다니 정말 미안해'라며 자신에게 사과했다고 한다.

이런 고객도 있었다. 우울증 증상을 개선하려면 '긍정 일기'를 쓰는 게 도움이 된다는 말을 듣고 며칠 동안 좋은 일이 없어도 열심히 일기를 썼다고 한다. 그런데 어느 날 갑자기 구역질이 나더라고 한다.

죽고 싶을 정도로 괴로운데도 무시하고 좋은 일만 생각하는 자신을 용서할 수 없었기 때문이었다. 그 사실을 깨닫고 나서는 욕설이든 뭐든 생각나는 대로 꾸밈없이 쓰기로 했고, 그랬더니 마음이 굉장히 편해졌다고 한다.

마음이 편해지니 자연스럽게 일상에서 좋은 일을 찾게 되고 소망이나 꿈도 적을 수 있게 되었다는 것이다.

이들 사례에서도 알 수 있듯이 우리 내면에는 긍정적인 자신과 부정적인 자신이 공존한다. 한쪽을 부정하면 지금의 자신을 부정해버리는 일이 된다. 고객들의 이런 다양한 체험은 나에게 삶이 괴로운 이유가 무엇인지 깨닫게 해주었다.

이런 말이 있다.

'감사하면 또 감사하고 싶어지는 일이 생긴다.'

감사하는 마음이 없는데 형식적으로 감사해하는 것은 의미가 없다. 감사의 마음은 자연스럽게 생기는 것이기 때문이다.

한 병원에서 있었던 일이다. 당시에 수술을 막 끝낸 나는 가볍게 몸을 움직이는 것조차 힘든 상태였고, 화장실에 가기 위해 침대에서 고군분투하는 중이었다.

그러다가 병실 안의 물건들을 찬찬히 살펴보니 모든 집기가 너무나 고맙게도 환자에게 맞춰 있음을 알게 되었다. 몸을 일으키려고 안간힘을 쓰느라 손을 짚었던 침대 매트리스의 탄성, 폭신한 베개, 최적의 위치에 있는 링거 스탠드의 손잡이…. 물건 하나하나에 깃든 제작자의 마음이 느껴져 감사의 마음을 주체할 수 없었고 병실에서 혼자 엉엉 울고 말았다.

아마 병실에서 홀로 침울해하지 않았다면 평생 느끼지 못했을 기분이리라. 당시 일을 떠올리면 어째서인지 지금도 눈물이 난다.

이 일을 겪으면서 나는 인생에서 우울해지거나 부정적인 시기가 살아가는 일 이상으로 필요하다고 생각하게 되었다.

부정적인 감정을 받아들이기를 저항하는 사람이 많다. 하지만 그런 사람들은 자세히 들여다보면 부정적인 감정뿐 아니라 긍정적인 감정을 받아들이는 방식도 어딘가 미온적이다. 기뻐하거나 즐거워할 만한 상황에서도 뜨뜻미지근한 반응을 보일 뿐 긍정적인 감정을 그다지 크게 느끼지 못하는 듯하다.

자신 안에 있는 우울, 불안, 걱정, 불평불만, 두려움 같은 부정적인 감정을 느끼지 않으려고 회피하면 긍정적인 감정도 잘 느끼지 못하는 상황이 생긴다.

그래서 나는 억지로 감사해하지 않아도 괜찮다고 이야기한다. 감사하는 마음이 생기지 않는데 노력하기보다는 그때그때의 기분을 솔직하게 받아들이는 것이 더 중요하다. 그편이 훨씬 자연스럽기 때문이다.

행복해지려는 때에 갑자기 부정적인 감정으로 변하는 일은 누구나 경험한다. 바라던 시험에 합격했는데 우울증을 경험한다거나, 행복해질 거라고 마음먹자마자 문제가 발생한다거나 좋은 일이 생기면 타인에게 괴롭힘당한다는 이야기도 종종 듣는다.

이런 일들은 왜 일어나는 것일까?

바로 내면에 있는 에고가 당신의 행복에 저항을 느끼기 때문이다.

에고는 좋든 나쁘든 당신을 위험으로부터 지키려 한다. 그래서 당신이 지금 아무리 불행한 상태라 하더라도 익숙한 상태에서 새로운 상태로 옮기기를 극단적으로 두려워하는 것이다. 지금까지 경험한 적이 없는 일이기 때문이다.

앞에서 몇 번이나 언급했듯이 에고는 미지의 일에 굉장히 부정적으로 반응하는 습성이 있다. 설령 당신이 행복해지려고 애면글면 애쓰고 있더라도 나쁜 일이나 행복을 방해하기도 한다. 에고가 근심과 걱정의 어머니이기 때문이다.

하지만 에고가 어떤 상황에서 목소리를 내는지 알고 있으면 그에 끌려가지 않을 수 있다. 잘 대처하기만 하면 된다.

그런가 하면 그렇게 쉽게 행복해질 리 없다는 '근거 없는 죄책감' 때문에 다른 사람으로부터 안 좋은 일을 당하거나 발목을 잡히기도 한다.

이때도 마찬가지로 노트에 불안함이나 두려운 마음을 토해내고, '모든 선택지가 주어진다면 나는 어떻게 되고 싶은가?'라는 질문을 던져보자.

질문에 대한 답을 찾는다면 자연스럽게 무엇을 의식해야 하는지도 깨달을 것이다.

익숙했던 습관을 새로운 습관으로 바꾸려 할 때는 반드시 그 일이 귀찮아지는 때가 온다.

지금까지 길게는 몇십 년 동안 해온 습관을 그리 간단하게 바꿀 수는 없을 것이다. 그래서 노트를 펴고 감정을 쏟아내는 일도 어느 순간 점점 귀찮아지고 결국 안 하게 되더라고 말하는 사람도 적지 않다.

그럴 때는 '나는 현재 상태에 만족하는가?'라는 질문을 다시 한번 떠올려보자.

만족한다면 귀찮다는 생각에 안 하는 것도 충분히 이해한다. 모든 것은 자기가 책임지는 일이기 때문이다.

당신의 인생을 행복하게 만드는 것도, 불행하게 만드는 것도 자신에게 달려 있다는 사실을 잊지 말기 바란다.

나는 과거에 내 현실이 다시는 겪고 싶지 않을 정도로 견디기 힘들었다. 이 때문에 노트에 감정을 토해내는 것으로 그 상황에서 벗어날 수 있다면 그보다 쉬운 일은 없다고 생각했다. 그리고 노트를 마주할 때마다 상황이 호전되었기에 그 과정이 굉장히 즐거웠다. 노트를 이용한 '편안해지기 연습'은 사방이 꽉 막혀 있던 나에게는 그야말로 유일한 돌파구나 다름없었다. 이 때문에 귀찮게 여긴 적은 단 한 번도 없다.

게다가 부정적인 감정이 올라올 때만 노트에 감정을 토해냈으므로, 부정적인 상태에서 벗어날수록 노트를 펼치는 횟수도 서서히 줄었다. 최근 들어서는 부정적인 감정이 올라오면 '좋아! 현실을 바꿀 기회가 왔어!'라며 의욕에 넘쳐 노트를 펼친다.

노트를 반드시 써야 하는 것은 아니다. 당신의 마음이 평온해지기 위해서, 괴로운 현실을 변화시키기 위한 행동임을 기억해주기 바란다.

알기 쉽게 설명하자면, 뜨거운 욕조 물에 몸을 푹 담글 때 기분과 비슷하다. 혹은 계속 참다가 겨우 볼일을 해결한 순간이나 안도의 긴 숨을 '하아' 내쉴 때 기분과 같다.

바쁜 현대사회를 살아가는 우리의 몸과 마음은 늘 팽팽하게 힘이 들어간 긴장 상태에 놓여 있다. 그러다 보니 '힘을 뺀다', '긴장을 푼다', '마음이 평온해진다'라는 느낌을 잘 모르는 사람이 의외로 많다.

욕조 물에 몸을 담그고 있어도 수만 가지 생각으로 머릿속이 복잡하다면 마음이 평온해지는 감각을 느낄 수 없다.

그럴 때는 반대로 온몸에 힘을 잔뜩 넣어보자. 더는 들어가지 않을 때까지 힘껏 힘을 준 다음, 있는 대로 이완시켜본다. 머리로만 생각해서는 쉽게 와닿지 않으므로 실제로 몸을 움직여보자.

주변 환경을 바꿔보는 것도 좋은 방법이다.

얼마 전 오키나와의 미야코지마를 방문한 적이 있다. 그곳에서 마음을 평온하게 하는 에너지를 강하게 느꼈다. 평소 업무나 공부 때문에 머리를 많이 쓰는 사람이 이곳을 방문한다면 분명 긴장이 풀려 잠이 쏟아질 것이다.

사람을 층고가 높은 공간에 가면 아이디어를 더 많이 낼 수 있다고 한다. 천장이 낮은 공간에서는 생각의 눌려 있는 반면, 천장이 높으면 생각도 더 높이 뛰어오를 수 있기 때문이란다. 마찬가지로 빌딩숲에 있는 사람과 산, 바다를 마주한 사람의 마음가짐이 같을 수 없을 것이다.

주위의 공간을 바꿔보자. 공기의 흐름이 조금 느린 곳으로 가는 것만으로도 마음이 평온해질 수 있을 것이다.

자연에 몸을 맡기면 오감에서부터 긴장이 풀린다.

그러면 지금 느끼는 감각만 남게 되므로 '즐겁다', '마음이 놓인다', '기쁘다', '최고!' 등 떠오르는 말도 점점 단순해진다.

사람들로 북적이고 화려한 불빛과 전자기기가 넘쳐나는 도시 환경에서는 아무래도 감정보다 이성적인 사고가 우위에 서기 쉽다. 그런 환경에 있다면 의식적으로 느긋하게 긴장을 풀고 쉬는 시간이 참신한 아이디어와 영감을 떠올리는 데 도움 된다.

감각은 의식함으로써 차차 알아갈 수 있다. 먼저 '마음이 평온하다는 건 어떤 감각일까?'를 생각해보는 것이 중요하다.

깊은 잠을 자지 못한다, 쉽게 잠들지 못한다, 충분히 자는 것 같은데 늘 피곤하다고 호소하는 사람이 많다. 생각이 많다 보니 신경이 예민해졌다는 증거다.

나도 예전에는 좀처럼 쉽게 잠들지 못해서 몸을 뒤척이다가 아침을 맞는 일이 잦았다. 잠이 오지 않으니 짜증이 몰려와 오히려 더 잠들지 못하는 '불면의 늪'에 빠져 허우적대는 일이 되풀이되었다.

그랬던 내가 지금은 자리에 누우면 몇 분 안에 곯아떨어진다. 그 이유는 '자야 해!'라고 생각하는 것을 그만두었기 때문이다. 말하자면 억지로 자려고 한 것이 처음부터 잘못이었다는 사실을 깨달은 것이다.

'지금 자지 않으면 내일 업무나 집안일에 지장이 생긴다'는 생각에 쫓기다 보면 잠들지 못하는 것에 계속 의식의 초점을 맞추게 되므로 점점 더 '불면의 늪'에 빠진다.

오히려 억지로 자려고 하지 않아도 된다고 생각하면 잠이 온다. 세상의 리듬이 아닌 자신의 리듬에 맞추면 자연스럽게 잠들 수 있다.

또 잠자리에 누워서도 베개와 이불의 부드러운 감촉과 좋은 기분을 최대한 느껴본다. 침실을 '자지 않으면 안 되는 곳'이 아니라 마치 천국에 온 것처럼 기분 좋은 장소로 만드는 것이다.

나의 경우에는 주문 제작한 베개를 사용하고부터 목이나 허리가 뻐근한 일이 없어졌다. 이불 커버도 나에게 맞는 부드러운 촉감으로 바꾸고 나서부터는 그 감촉이 기분 좋아서 이불 밖으로 나오기 싫을 정도로 침실은 행복한 장소가 되었다.

침실을 자신의 취향에 맞는 최고의 장소로 만들면 수면

시간이 기대되고 편안한 마음으로 잠들 수 있다.

중요한 것은 잠자는 시간을 의무가 아닌 '행복하고 기분 좋은 시간'으로 의식하는 것이다.

그러기 위해서 할 수 있는 일은 뭐든 하겠다는 마음으로 잠자는 시간을 마음껏 즐겨보라.

Q12. 트라우마도 잠재울 수 있을까요?

괴롭힘이나 상처받은 경험에서 생긴 트라우마도 '편안해지기'로 극복할 수 있을까? 답은 물론 '가능하다'이다.

자신의 마음과 마주하다 보면 과거에 겪었던 힘든 일도 떠오르게 마련이다. 과거에 온전히 소화되지 못한 감정을 현재 느껴줌으로써 당시 불안했던 감정을 보듬을 수 있다.

감정은 외면하고 방치하면 고스란히 자신 안에 쌓인다. 그렇게 쌓여 있던 감정은 '나 아직 여기에 있어'라고 말하는 것처럼 삶의 다양한 상황에서 반복되어 나타난다.

언뜻 끈질기고 집요해 보일 수 있지만, 뒤집어 생각하면 내 힘으로 이 악순환의 고리를 끝낼 수도 있다는 말이다.

감정을 어떻게 느끼고 보듬어주어야 하는지는 제3장에서 다룬 의식 전환하기(158쪽)를 참고하길 바란다. '그때 무엇이 싫었던 거야?', '무엇을 걱정했던 거니?' 떠올릴 수 있는 과거의 감정을 모두 노트에 토해낸다. 그러면 의외로 쉽게 마음이 평온해진다.

감정은 어린아이와 닮았다. 떠드는 아이에게 "시끄러워!"라고 소리치면 더 큰 소리로 떼쓰거나 화를 내기도 하고 심지어는 울음을 터뜨리기까지 한다. 어릴 때 그런 감정을 쉽사리 드러내지 못했다가 어른이 되어서야 수많은 일을 경험하면서 처음으로 자신의 진짜 감정을 깨닫는 사람이 많다. 감정을 '느낀다'라는 말은 마음을 '알아준다'라는 의미다.

오감으로 불쾌한 감정을 느끼듯이 '싫다'라는 감정도 스스로에게 허용한다면 그 감정은 되풀이해서 느끼지 않아도 된다.

지금 느끼는 감정이 과거의 나를 치유한다. 이런 의식을 갖고 연습해보자.

최근 들어 태풍과 폭우로 인한 수해, 빈번하게 일어나는 지진 등 심각한 자연재해에 더해 코로나19 바이러스 감염증이 지구 전역에 만연하는 상황이다 보니 계속 긴장 상태라는 사람이 많다. 이를 자각하지 못하더라도 이런 상태는 크든 작든 몸에 영향을 주기 마련이다.

그중에는 유독 불안하다는 사람도 있을 것이다.

자연재해나 팬데믹처럼 외부요인으로 받는 정신적 충격도 자신 안에 부정적인 마음을 토해냄으로써 가볍게 만들 수 있다. 어쩌면 공포나 불안이 심하다는 사람은 에고가 온 힘을 다해 자신을 지켜주고 있는 것인지도 모른다.

하지만 그런 사람일수록 의외로 재해를 대비하지 않은 경우가 많다. 재해가 발생했을 때 가장 좋지 않은 행동이 감정에 지배되어 패닉 상태에 빠져버리는 것이다. 영화에서도 크게 당황하는 사람일수록 가장 먼저 죽음을 맞이하지 않는가.

재해와 같은 긴박한 상황일수록 '직감'이 중요하다.

얼마 전 동일본 대지진 발생 10주기를 맞아 방영된 텔레비전 프로그램에서 한 사람이 쓰나미가 덮쳐왔을 때의 경험을 이야기하는 장면을 보게 되었다.

택시를 타고 대피 중에 창문을 열었더니 옆에 있던 건물 옥상에서 "쓰나미가 오고 있다! 서둘러 도망쳐!" 하고 소리치는 목소리가 귀에 날아들었다고 한다.

깜짝 놀라서 택시 기사와 함께 그대로 차를 버리고 근처 건물로 달려간 덕분에 간신히 쓰나미에 휩쓸리지 않았다는 것이다.

또 다른 이는 수년 전 대형 태풍으로 심각한 수해가 발생했을 때 옥상에 놓여 있던 비닐 풀장을 타고 탈출해 목숨을 건졌다는 이야기도 있었다.

이들처럼 직감을 알아채는 능력은 무의식을 내 편으로 만들었기 때문에 가능한 일이다.

에고는 위험으로부터 우리를 보호하기 위해 작동하는 생존본능이다. 이러한 본능 덕분에 우리가 안전하게 일상을 보낼 수 있는 것이다.

그러나 에고에 지배당하는 상태와 에고를 선택할 수 있는 상태는 앞으로 일의 전개가 완전히 달라진다. 살면서 하는 모든 경험치가 몸에 익어야 비로소 자신과 주위 사람을 안전하게 지킬 수 있는 것이다.

태풍이나 폭우로 인한 수해, 대지진, 코로나19 바이러스와 같은 감염증에 의한 팬데믹은 자연재해로 인간의 힘으로는 멈출 도리가 없다. 지구도 살아 있는 유기체인 것이다.

하지만 이를 통해 얻은 깨달음을 우리 삶에 반영해 더 나은 방향으로 이끄는 것은 가능하다.

동일본 대지진이 발생했을 때도, 코로나19 바이러스 감염증이 확산했을 때도 나를 비롯한 많은 사람이 재해로 인한 고통과 아픔을 겪으면서 삶의 방식이 크게 바뀌었다고 말한다. 그런 의미에서 재해를 막연히 무섭거나 불안하다고 두려워하지만 말고 개개인이 어떻게 대처해나갈 것인지 생각해야 한다.

고민의 끝의 끝까지 밀어붙여서 생각해보자. 만약 지진이 나면 무엇을, 어떻게 하고 싶고 무엇을 지키고 싶은지, 교통사고가 난다면 나는 무엇을 하고 싶은지, 두렵다고만 하지 말고 그 고민의 끝 지점에서 자신이 무엇을 선택할 것인지 차분히 적다 보면 마지막에 할 일이 나올 것이다.

고민은 고민으로 엉켜있을 때가 더 불안하다. 그 실타래를 하나하나 풀다 보면 되려 단순한 삶의 가치를 깨달을 수 있을 것이다. 거기에 큰 의미가 있다.

최근 들어 '느낀다는 감정을 잘 모르겠다'라는 말을 자주 듣는다. 감각을 활용하는 것 같지만 머리로 생각하는 것 같기도 하다는 것이다.

그럴 때 오감을 기억해야 한다.

청각, 시각, 후각, 미각, 촉각.

이 다섯 가지 감각을 의식해보자.

이때 '싫음', 즉 불쾌한 감각을 가장 먼저 의식해야 한다.

예를 들어 불쾌함을 유발하는 소리가 있다. 손톱으로 칠판을 긁는 소리, 얼음을 깨물었을 때 나는 소리 따위다. 또 지나치게 독한 향수처럼 냄새도 불쾌함을 유발한다.

그런가 하면 미각을 해치는 음식도 있다. 나의 경우에는 산양유로 만든 치즈나 아몬드 우유가 맛이 없는데, 굳이 표현하자면 마치 사약을 마시는 듯한 기분이다.

이런 방법으로 우선은 '싫다', '불쾌하다'라는 감각을 내 안에서 꺼내보는 것이다. 그러면 신기하게도 '좋다', '맛있다', '마음 편하다'라고 느끼는 감각도 차차 나오게 된다. 이것이 익숙해지면 자신이 좋아하는 것, 기분이 좋아지는 것을 골라 음미하듯 느껴본다.

이게 잘되지 않는다면 그럴 때는 다음과 같은 방법을 시도해보자.

- 오늘 점심으로 먹을 요리를 느긋하게 맛본다.
- 크게 숨을 들이마시고 좋아하는 향을 맡는다.
- 불어오는 바람의 상쾌함을 느낀다.

이런 감각을 의식하며 음미하면 된다.
이때 '오늘 점심 메뉴의 재료는 ○○였어', '이 향기는 ○○

의 향인데 말이야' 같은 지식은 필요 없다. 그저 음미하기만
하면 된다. 그렇게 오감으로 음미하는 시간을 일상에 들이
는 것이다.

　나는 종종 혼자 레스토랑에 가곤 한다. 그곳에서 커피나
라자냐를 주문해 만족스럽게 맛보는 것만으로도 그날 하루
가 최고로 행복한 날인 것 같은 기분을 느낀다.

　일 도중에 잠시 짬을 내는 것이 아니라, 느끼는 대상과 차
분히 마주한 다음 즐기고 음미하면 정말로 행복한 기분에

젖게 될 것이다.

의식적으로 우리가 경험하는 미각, 촉각, 시각, 청각, 후각 등의 감각들 속에서 내가 좋아하는 것을 찾아가보자.

밤꿀이 주는 향긋한 단맛을 좋아하고, 설탕이 주는 인공적인 단맛은 싫어하고, 시트러스향의 상큼함을 좋아하고, 꽃향기의 달달함은 싫어하고… 이런 식으로 일상에서 할 수 있는 '느끼기 연습'을 하다 보면 어느새 자신이 무엇을 좋아하고 싫어하는지가 좀 더 분명해질 것이다.

마치며

이 책의 원고를 쓰기 바로 전, 우연히 메모 하나를 발견했습니다. 제가 입원과 수술을 겪고 '편안해지기'를 처음 떠올린 해에 썼던 메모입니다.

메모에는 이런 내용이 적혀 있었습니다.

'마침내 내 책을 출판하게 되었다! 가장 즐겁고 가슴 설레는 일이었다'.

메모를 적을 당시에는 출판이 실현될 조짐이라고는 전혀 보이지 않았습니다. 오히려 '용케 이런 걸 적었구나' 하고 생각할 정도로 인생의 밑바닥까지 떨어진 상태였지요.

하지만 오직 한 가지 생각, '편안해지기'를 몸소 실천함으로써 줄곧 이루지 못했던 출판의 꿈이 현실로 이루어진다면, 이 방법은 틀림없이 많은 사람들에게 커다란 도움이 될 것이라는, 이 생각이 당시의 저에게는 한 줄기 빛과 같은 희망이었습니다.

그로부터 몇 년이 지나고 나서야 저는 비로소 그 기회를 잡을 수 있었습니다.

그렇지만 실제 출판으로 이어지기까지 모든 과정이 순풍에 돛 단 듯 순조롭게 진행되었던 것만은 아니었습니다. 뜻대로 되지 않아서 수도 없이 불안에 빠졌고, '차라리 포기하는 편이 낫지 않을까' 하고 나 자신에게 질문을 던진 적도 한두 번이 아니었지요.

누구도 아닌 나 자신이 이 책이 출판되리라 확신하지 못해서였습니다.

하지만 좌절하지 않고 불안이 엄습할 때마다 편안해지기를 연습하며 나와 자신의 세계를 믿어보기로 했습니다. 생각을 바꾸자 흐름이 돌연 빨라지기 시작하더군요.

장담하건대 이러한 모든 과정이 없었다면 저는 지금도 무의식 속에서 많은 것들을 포기하고 '어쩔 수 없는 일이야'라며 자신을 어르고 타협하며 하루하루를 살고 있을 것입니다.

그러니 여러분도 과거의 나에게 이렇게 말해주면 어떨까요?

"마음이 평온해지니까 네가 상상하고 원하던 일이 그대로 이루어졌어! 포기하지 않고 버텨줘서 고마워!"

이 책은 지금까지 제가 만났던 모든 분들 덕분에 세상에 나올 수 있었습니다. 원고를 쓰면서 많은 이들의 얼굴이 떠올랐습니다.

이 장을 빌려 감사의 말씀을 전합니다.

그리고 마지막으로 이 책을 선택해주신 여러분에게.

여러분은 이 세상에서 유일무이한 존재라는 사실을 잊지 마세요.

견디기 힘든 일과 맞닥뜨리게 된다면 부디 책에서 소개하는 방법들을 실천해보기를 권합니다. 그리고 언제, 어느 때든 '당신은 아무 조건 없이 사랑받고 있다'라는 사실을 기억해주십시오.

이 책을 통해 여러분이 자신을 믿고, 당신 자신의 세계를 믿고, 마음으로부터 평온해지는 감각을 느끼게 된다면 저자로서 더없이 행복할 것입니다.

옮긴이 김도연

대학에서 일본학을 전공했다. 좋아하고 잘할 수 있는 일을 찾은 끝에 일본어 번역가가 되겠다고 결심했다. 글밥 아카데미에서 일본어 출판번역 과정 수료 후 현재 바른번역 소속 번역가로 활동 중이다. 원저자의 글을 바로 읽는 듯 자연스러운 번역을 지향하며 많은 사람에게 울림을 줄 멋진 책을 세상에 내놓기 위해 번역과 외서 기획에 힘쓰고 있다. 번역한 책으로 《캐릭터 디자인을 위한 머리카락 그리는 법》이 있다.

마음이 편안해지는 작은 책

초판 1쇄 발행 · 2024년 7월 17일

지은이 · 고바야시 마스미
옮긴이 · 김도연
발행인 · 이종원
발행처 · (주)도서출판 길벗
브랜드 · 더퀘스트
출판사 등록일 · 1990년 12월 24일
주소 · 서울시 마포구 월드컵로 10길 56 (서교동)
대표전화 · 02)332-0931 | **팩스** · 02)323-0586
홈페이지 · www.gilbut.co.kr | **이메일** · gilbut@gilbut.co.kr

기획 및 책임편집 · 송은경(eun3850@gilbut.co.kr), 유예진, 오수영 | **제작** · 이준호, 손일순, 이진혁
마케팅 · 정경원, 김진영, 김선영, 최명주, 이지현, 류효정 | **유통혁신팀** · 한준희
영업관리 · 김명자 | **독자지원** · 윤정아

디자인 · 디스커버 | **교정교열** · 이지은
CTP 출력 및 인쇄 · 정민 | **제본** · 정민

ISBN 979-11-407-0978-6 (03190)
(길벗 도서번호 090211)
정가 17,700원

독자의 1초까지 아껴주는 길벗출판사

(주)도서출판 길벗 | IT교육서, IT단행본, 경제경영서, 어학&실용서, 인문교양서, 자녀교육서 www.gilbut.co.kr
길벗스쿨 | 국어학습, 수학학습, 어린이교양, 주니어 어학학습, 학습단행본 www.gilbutschool.co.kr

---